BIBLIOTHÈQUE

DES CHEMINS DE FER

DEUXIÈME SÉRIE

HISTOIRE ET VOYAGES

Imprimerie de Ch. Lahure (ancienne maison Crapelet)
rue de Vaugirard, 9, près de l'Odéon.

ORIGINE ET FONDATION
DES ÉTATS-UNIS
D'AMÉRIQUE

PAR P. LORAIN

OUVRAGE REVU
PAR M. GUIZOT

(1497-1620)

PARIS
LIBRAIRIE DE L. HACHETTE ET Cie
RUE PIERRE-SARRAZIN, N° 14

1853

ORIGINE ET FONDATION

DES ÉTATS-UNIS

D'AMÉRIQUE.

On recherche avec une avide curiosité la source des grands fleuves; on veut savoir d'où viennent et ce que sont, à leur origine, le Nil, le Rhin, l'Euphrate, le Gange, ces courants célèbres qui ont vu tant et de si grandes choses se passer sur leurs rives, et qui fécondent ou ravagent tour à tour les contrées qu'ils arrosent. Autant l'homme est supérieur à la matière, autant le berceau des grandes nations est plus important et plus curieux à connaître que la source des grands fleuves. Les États-Unis d'Amérique sont déjà une grande nation, et évidemment destinés à devenir bien plus grands encore. Il y a plus d'intérêt dans les premiers pas des hommes qui ont commencé ce puissant peuple que dans les premières eaux du Saint-Laurent ou du Mississipi. Ce sont les origines morales et politiques de la société maintenant établie avec tant d'éclat dans l'Amérique du nord, depuis le Maine jusqu'à la Louisiane et de New-York à San Francisco, que nous voulons retracer.

Nous rappellerons d'abord les tentatives infructueuses des divers peuples d'Europe, du XVe au XVIIe siècle, pour s'établir dans les limites actuelles des États-Unis. Nous raconterons ensuite les premiers travaux et les premiers succès de la colonisation entreprise par de hardis explorateurs, entre autres par le capitaine Smith dans la Virginie, et par *les pèlerins* à Plymouth, dans le Massachusetts. Le berceau des États-Unis a été surtout dans ces deux colonies.

Nous ne donnerons pas à ce petit ouvrage un grand appareil scientifique en renvoyant, dans chaque occasion, aux nombreuses sources que nous avons consultées. Mais nous nous faisons un devoir de les indiquer ici en général pour donner à nos lecteurs, s'ils en ont envie, la facilité de les consulter à leur tour.

Dans la première partie, nous avons surtout pris pour guide, quant aux faits mêmes, M. George Bancroft, qui a résumé avec érudition et sagacité, dans les trois premiers chapitres de son *Histoire des États-Unis depuis la découverte du continent américain*, les voyages et les essais de colonisation antérieurs au XVIIe siècle.

Pour la seconde partie, nous avons scrupuleusement étudié les documents primitifs et originaux directement émanés des hommes mêmes qui ont été acteurs ou témoins des faits que nous racontons. Parmi ces documents, les principaux sont : 1° Les *Relations du capitaine Smith* et sa *Vie* par M. Sparks dans la *Biographie américaine*; 2° le *Journal du voyage de Francis Higginson*, par lui-même; 3° la *Description du Massachusetts*, de William Wood; 4° la *Lettre à la comtesse de Lincoln*, du député-gouverneur Dudley; 5° l'*Histoire de la colonie de Plymouth*, par le gouverneur Bradford; 6° les *Journaux* de Bradford et de Winslow; 7° la *Relation* de Winslow; 8° les *Lettres* de Gookin et les notes de M. Alexandre Young dans sa *Collection des Chroniques des Pères pèlerins*, etc., etc.

Aucun de ces ouvrages n'a été traduit en français.

CHAPITRE PREMIER.

Jean et Sébastien *Cabot* découvrent l'*Amérique du nord* au nom de l'*Angleterre* (1497). — Leur second voyage (1498). — Services maritimes et mort de Sébastien Cabot. — Voyage de Gaspard *Cortereal* pour le *Portugal* (1501). — Voyage du Florentin *Veruzzani* pour la *France* (1504).

Il paraît certain que l'Amérique du nord fut découverte sous les auspices de l'Angleterre, et que la côte des États-Unis fut visitée pour la première fois par un Anglais. A Christophe Colomb appartient la gloire sans rivale d'avoir pressenti et trouvé le nouveau monde; mais, parmi les marins entreprenants qui se lancèrent à son exemple dans la carrière des découvertes, il n'en est pas un qui, pour la hardiesse, le succès et les résultats durables de ses expéditions, mérite, au-dessous de Colomb, une meilleure place dans l'histoire que Jean et Sébastien *Cabot*.

Les guerres des maisons d'York et de Lancaster avaient cessé en Angleterre. La prudente sévérité de Henri VII avait rendu la tranquillité au pays et donné l'essor à l'industrie. Le commerce commençait à se livrer avec activité à des spéculations utiles. Les pêcheries de la mer du Nord avaient tenté depuis longtemps les négociants de Bristol : ils étaient entrés en communication avec l'Islande, et leur marine avait acquis, dans cette branche du commerce septentrional, l'habileté nécessaire pour braver les tempêtes de l'Atlantique. Il n'est même pas impossible que quelques traditions vagues sur des découvertes lointaines faites par les Islandais dans le Groënland, vers le nord-ouest, eussent fait germer dans leur esprit « des conjectures fécondes. »

Quand les merveilles accomplies par Colomb vinrent révéler la vérité depuis longtemps rêvée par l'imagination de tous les marins distingués du temps, elles furent accueillies avec le sentiment d'admiration que méritait une telle conquête de l'homme dans le monde, et elles allumèrent dans tous les cœurs une généreuse émulation : le roi d'Angleterre soupirait après sa part de gloire et de profits dans cette carrière d'aventures maritimes. Il ne fut donc pas difficile à Jean Cabot, marchand vénitien, résidant à Bristol, de faire adopter à Henri VII ses plans de découverte. Il obtint de ce monarque des lettres patentes qui l'autorisaient, lui, ses trois fils, leurs héritiers ou leurs mandadaires, à faire voile dans les mers de l'est, de l'ouest et du nord, avec une flotte de cinq vaisseaux armés à leurs frais, pour y poursuivre la recherche des îles, pays, provinces ou régions jusqu'alors inconnus aux chrétiens; planter la bannière anglaise sur toutes les villes, îles ou continents qu'ils pourraient découvrir, et prendre possession, comme vassaux de la couronne, de tous les territoires qui y seraient compris. Cet acte important stipulait en outre la condition que, dans leurs voyages, ils seraient tenus expressément de débarquer à Bristol, et de payer au roi le cinquième des profits de leur expédition. En retour, la famille des Cabot et leurs descendants recevaient, par forme de privilége, le droit exclusif, sans conditions et sans limites de temps, de fréquenter seuls les parages qu'ils auraient découverts. Munis de cette patente, Jean Cabot et le célèbre Sébastien, son fils, s'embarquèrent pour l'ouest. La découverte du continent américain, probablement à cinquante-six degrés de latitude, au nord du détroit de Belle-Isle, au milieu des ours du pôle, des horribles sauvages et des tristes rochers du Labrador, fut le fruit de ce premier voyage.

Ce fut à peu près tout le bénéfice que les Cabot en retirèrent : pour prix du trait de génie qui leur avait suggéré cette entreprise, et des dépenses qu'ils avaient supportées seuls, c'est à peine si la postérité s'est rappelé qu'ils avaient touché le continent américain quatorze mois avant que Colomb, à son troisième voyage, fût venu le reconnaître, et près de deux ans avant qu'*Améric* Vespuce eût fait voile à l'ouest des Canaries. Mais les Cabot ont eu l'honneur d'assurer par leurs énergiques efforts le droit de l'Angleterre sur l'Amérique du nord, droit de priorité qu'elle a pu laisser reposer en présence des essais tentés par les Espagnols pour s'y établir, mais que plus tard le roi et le parlement anglais ont su soutenir contre le titre d'une concession émanant de la cour de Rome.

Cependant, à mesure qu'il apprenait à connaître la valeur de ces découvertes, Henri VII, devenu plus circonspect, limita l'étendue de ses lettres patentes. Celles qu'il renouvela, en 1498, à Jean Cabot, ne contenaient déjà plus les mêmes priviléges. Ce hardi navigateur n'en entreprit pas moins une expédition nouvelle avec son fils Sébastien, qui commençait, jeune alors, sous la conduite de son père, une vie de courage intrépide, de génie et de patience. Ce voyage était lié à quelques spéculations commerciales auxquelles le roi Henri, malgré ses habitudes d'économie prudente, s'associa pour une part. Le but de l'expédition était d'ailleurs de reconnaître « ce que c'était que ces terres des Indes pour y habiter, » et peut-être aussi nourrissait-on l'espoir de pénétrer par là dans le riche empire du Cathay. Sébastien Cabot s'embarqua au mois de mai, avec trois cents hommes, cingla vers le Labrador, par l'Islande, et parvint au continent par cinquante-huit degrés de latitude. La rigueur du froid, la nouveauté du spectacle qu'offraient ces terres inconnues, et son intention arrêtée de reconnaître le pays, l'engagèrent à descendre vers le sud. Il s'avança le long des côtes des États-Unis jusqu'aux frontières méridionales du Maryland, ou peut-être jusqu'à la latitude du détroit d'Albemarle. Là le manque de vivres pressa son retour en Angleterre.

On aimerait à suivre dans ses détails la vie aventureuse de cet habile navigateur, mais on n'en connaît plus que les traits principaux. Les cartes qu'il avait dressées de ses découvertes et le récit qu'il avait écrit de ses aventures ont péri; mais ce qu'on sait suffit à sa gloire. Il est certain qu'il passa le détroit et pénétra dans la baie qui, près d'un siècle plus tard, prirent leur nom d'Hudson. Il avait « écrit lui-même un journal de navigation, » où l'entrée du détroit était marquée avec une grande précision « sur une carte dessinée de sa main. » Il poursuivit hardiment sa course à travers les régions où, longtemps après, on regardait encore comme un acte d'intrépidité d'avoir pu pénétrer; le 11 juin 1517, comme on le voit par une lettre de Cabot lui-même, il avait atteint jusqu'au 60e degré, toujours dans l'espérance de trouver un passage vers l'océan des Indes. La mer était encore libre, mais la lâcheté d'un officier de marine et la mutinerie de l'équipage le forcèrent à rebrousser chemin, sans qu'il eût rien perdu de sa confiance dans la possibilité du succès.

La carrière de Sébastien Cabot finit avec honneur, comme elle avait commencé avec éclat. La douceur et l'égalité de son caractère lui conciliaient les esprits. Il n'avait pas l'enthousiasme profond de Colomb, mais son âme était sereine et forte en même temps. Pendant près de soixante ans, à une époque de merveilles maritimes, il ne cessa d'être considéré comme un des marins les plus habiles de son temps. Il était du congrès qui s'assembla à Badajoz pour partager les Moluques entre l'Espagne et le Portugal; il fit plus tard le voyage de l'Amérique du sud, sous les auspices de Charles-Quint. De retour dans son pays natal, il défendit les intérêts du commerce anglais en s'opposant à un monopole ruineux, et reçut une pension en récompense de ses services maritimes. Ce fut lui qui traça l'itinéraire de l'expédition qui découvrit le passage d'Archangel. Il vécut jusqu'à un âge très-avancé, et tel était son amour pour sa profession qu'à sa dernière heure sa pensée en délire errait encore sur l'Océan. Le temps n'a pas laissé d'autres traces de la vie d'un homme si éminent, et nul ne sait aujourd'hui où repose celui qui a donné un continent à l'Angleterre.

Si Colomb avait usé tant d'années à solliciter vainement les moyens d'exécuter ses glorieux projets, une fois le succès constaté, l'appui des princes ne manqua pas aux coureurs d'aventures. L'un d'eux, Gaspard *Cortereal*, obtint facilement la faveur du roi de Portugal pour une expédition dans le nord. En effet, il longea en 1501 les côtes de l'Amérique septentrionale dans un espace de six ou sept cents milles; il en observa avec soin le pays et les habitants. Il eut occasion d'admirer l'éclat et la fraîcheur de la verdure, la profondeur des forêts; il remarqua les pins, qui lui parurent propres à devenir l'objet d'un commerce profitable pour la construction des mâts de navire. Mais il crut trouver un trafic plus facile encore dans la vente des naturels du pays qu'il enleva pour en faire des esclaves. Il jugea à les voir qu'ils étaient faits pour supporter des travaux rudes, et il emmena avec lui comme échantillon une cinquantaine de ces malheureux. Alléché par son premier succès, il revint à la charge, mais cette fois il perdit la vie dans un combat contre les indigènes. Le nom de *Labrador*, transporté à la côte septentrionale, est peut-être un souvenir de son crime, et la seule trace qu'ait laissée l'expédition portugaise dans les limites de l'Amérique du nord.

A la même époque, la pêche de Terre-Neuve était déjà fréquentée par les embarcations hardies de Bretagne et de Normandie. C'est l'origine du nom que porte encore aujourd'hui le cap *Breton*. Dans le cours de leurs voyages à la côte ils prirent et emmenèrent en France quelques sauvages, comme un objet de curiosité. De Léry et Saint-Just avaient déjà proposé une colonisation de l'Amérique du nord, lorsque en 1524 François Ier chargea un Florentin, *Verazzani*, de visiter ces contrées dont il était grand bruit. Verazzani s'embarqua sur une simple caravelle, *le Dauphin* « dont le nom fortuné ne le sauva pas des alarmes d'une horrible tempête. » Il resta cinquante jours en mer avant de voir le continent. Il put le reconnaître à la fin, à la latitude de Wilmington, mais sans trouver de port dans une étendue de côtes de cinquante lieues vers le sud. Il retourna vers la Caroline septentrionale, où une première entrevue avec les sauvages excita leur étonnement réciproque. Il trouva dans la couleur rougeâtre des Indiens beaucoup de ressemblance avec les Sarrasins : ils portaient des vêtements de peau; leurs ornements se composaient de guirlandes de plumes. Ils reçurent avec bienveillance leurs hôtes qu'ils n'avaient pas encore lieu de craindre. A mesure que *le Dauphin* suivait sa route vers le nord, le pays devenait de plus en plus attrayant. Les Français ne croyaient pas que l'imagination pût concevoir des champs ni des bois plus délicieux. Les forêts embaumées portaient loin du rivage des parfums qui promettaient à leur avidité les épices des Indes orientales. Aveuglés par la folie de leur temps, ils voyaient dans la couleur du sol un indice de l'or qu'il recélait en abondance. Quant aux sauvages, ils étaient plus humains que leurs hôtes, car un jeune matelot ayant failli se noyer fut rappelé à la vie par l'empressement des naturels, pendant que les Français, en retour, dérobaient un enfant à sa mère et cherchaient à enlever une jeune femme, pour satisfaire, après leur retour, la vaine curiosité du public dans leur patrie.

Ils remarquèrent, en passant, le havre de New-York, dont ils louèrent la commodité et l'agréable situation. Leurs yeux cupides s'arrêtèrent aussi sur les collines de New-Jersey, où ils crurent reconnaître des mines précieuses. Puis ils demeurèrent quinze jours dans le port spacieux de Newport, où ils firent connaissance avec les naturels, « les meilleures gens » qu'ils eussent encore rencontrés dans leur voyage. Enfin, au mois de juillet ils rentrèrent en France.

CHAPITRE II.

Voyage de *Cartier* (1534). — Il prend possession du *Canada* au nom du roi de *France*. — Voyage du sieur de *Roberval* (1540). — De *La Roche* (1598). — *Champlain* (1603-1635). — De *Monts*, de *Poitrincourt*, de *Biencourt*.

Les malheurs de François Ier n'empêchèrent pas les pêcheurs français de continuer à fréquenter les bancs de Terre-Neuve. Il existe encore une lettre écrite à Henri VIII par un capitaine anglais, en 1527, qui lui déclare qu'il a trouvé dans un port de cette île onze voiles de Normandie et une de Bretagne, occupées à la pêche. En 1534, sur la proposition de l'amiral de France, Chabot, le roi confia à Jacques *Cartier*, marin de Saint-Malo, une expédition destinée à explorer et à coloniser le nouveau monde. Les divers voyages de ce navigateur sont d'un grand intérêt : ce fut lui qui dirigea l'attention de la France vers les contrées du Saint-Laurent.

Il partit de Saint-Malo au mois d'avril avec deux vaisseaux qui purent, à l'aide d'un temps favorable, arriver en vingt jours sur les côtes de

Terre-Neuve. Il fit presque le tour de l'île, tourna vers le sud, traversa le golfe, entra dans la baie, qu'il appela la baie *des Chaleurs*, à raison de l'ardeur de la saison ; puis, n'ayant point trouvé de passage à l'ouest, il longea la côte jusqu'à Gaspé. Là, sur le rivage, à l'entrée du port, il éleva une grande croix, portant un écu aux armes de France avec une inscription qui annonçait que désormais ce pays faisait partie des domaines du roi des Français. Cartier découvrit ensuite la grande rivière de Canada, et pénétra dans le détroit jusqu'à ce qu'il pût discerner la terre des deux rives. Il n'était point préparé pour y passer l'hiver, et fut en conséquence obligé de revenir. Trente jours après, il rentrait sain et sauf dans le port de Saint-Malo. La ville et bientôt la France furent remplies du bruit de ses découvertes. Le voyage avait été heureux, car aujourd'hui même il n'arrive pas souvent d'exécuter plus rapidement ni avec plus de bonheur l'aller et le retour.

L'établissement des Français dans le Canada ne touche pas d'une manière assez directe au sujet de ce livre, pour que nous insistions longtemps sur les voyages ultérieurs de Cartier, de Roberval et de Champlain ; cependant, comme ces habiles navigateurs ont en même temps exploré une partie des côtes de l'Amérique septentrionale aujourd'hui comprises dans les États-Unis, nous ne pouvons nous dispenser de quelques détails à cet égard.

Ce ne fut pas du premier coup que Cartier fonda, au nom du roi de France, la colonie du Canada. Mais, chaque fois qu'il entreprit un voyage nouveau dans ces contrées, il consolida ses desseins, et prépara de plus près leur succès définitif. Lorsqu'il partit en 1535 avec trois vaisseaux bien approvisionnés qui lui furent donnés par le roi, il emmena avec lui quelques jeunes gentilshommes en qualité de volontaires. Les préparatifs furent solennels. La religion fit précéder l'embarquement d'une cérémonie dans laquelle tous les passagers et l'équipage reçurent l'absolution et la bénédiction de l'évêque. Après une traversée orageuse, ils arrivèrent en vue de Terre-Neuve, passèrent, le jour de saint Laurent, à l'ouest de l'île, et donnèrent le nom de ce saint à une portion du golfe majestueux qui s'ouvrait devant eux. Ce nom s'est depuis étendu graduellement au golfe tout entier, et au fleuve lui-même. Puis se dirigeant au nord d'Anticosti, ils remontèrent le courant en septembre jusqu'à l'agréable port de l'île appelée depuis Orléans. Les naturels, de race algonquine, les reçurent avec une hospitalité pleine de confiance. Cartier ayant mis en sûreté ses vaisseaux remonta dans un bateau le fleuve superbe jusqu'à l'établissement principal des Indiens dans l'île de Hochelaga. C'était, comme le prouve son langage, une tribu de Hurons. Leur ville était construite au pied d'une colline du haut de laquelle il vit avec admiration se dérouler devant lui, dans un vaste panorama, les bois, les eaux et les montagnes. Son imagination lui présentait là, par anticipation, l'entrepôt futur du commerce intérieur, et la métropole d'une province réservée aux plus heureuses destinées. Plein de ces brillantes espérances, il donna à la colline le nom de Montréal; le temps a confirmé ce nom et réalisé les prédictions du marin intrépide qui, pour mieux assurer l'avenir de sa conquête, érigea solennellement, avant de retourner à Saint-Malo, une croix sur le rivage, avec les armes de France, et une inscription déclarant que François Ier était le souverain de ces terres nouvelles.

Mais Cartier ne trouva pas son pays disposé dès lors à partager son enthousiasme. Le froid rigoureux de ces parages effrayait les habitants du nord même de la France, et le récit trop fidèle du voyage ne laissait plus d'illusions sur les mines d'or et d'argent, de diamants et de pierres précieuses, appât ordinaire de la cupidité. Aussi se passa-t-il trois ou quatre ans avant que l'on reprît sérieusement le plan de colonisation proposé.

On y revint après la conclusion de la paix trop

courte qui termina la troisième lutte entre Charles V et François Ier. Il ne manquait pas, à la cour, de gentilshommes qui trouvaient indigne d'une grande nation de renoncer à posséder sa part du nouveau monde, et un noble de Picardie, le seigneur de *Roberval,* d'un rang considérable dans sa province, demanda et obtint une commission à cet effet. Mais le plus difficile n'était pas de gagner ainsi des colonies et des provinces sur le papier. Il fallait que les titres de parchemin du sieur de Roberval fussent confirmés par des appuis plus solides. On lui associa Cartier, et les termes de la commission donnée à cet illustre marin méritent une attention particulière. Il était nommé capitaine général et pilote en chef de l'expédition. Il avait l'ordre d'emmener avec lui des hommes de toute espèce de commerce et d'industrie, d'aller avec eux aux terres récemment découvertes, et d'y vivre au milieu des indigènes. Mais où prendre ces commerçants utiles et ces honnêtes industriels? La commission de Cartier avait prévu cette question et lui donnait le droit de fouiller les prisons et de compléter le nombre de ses compagnons avec le contingent nécessaire de malheureux et de scélérats qu'il y trouverait. Des voleurs et des homicides, des banqueroutiers frauduleux et des dissipateurs; il pouvait disputer à la justice ses droits sur tous les prisonniers, excepté les *traîtres* ou les *faux mon-*

noyeurs; tel fut le noyau de la colonie qu'il s'agissait d'établir par delà les mers (1547).

Elle portait, comme on voit, dans son organisation originelle, tous les principes nécessaires pour sa destruction. Cartier et Roberval, jaloux de se faire chacun une renommée à part, n'agirent point de concert. Le premier avait déjà remonté le Saint-Laurent, et bâti un fort près de Québec; et enfin, après un an de voyage, il retournait en France, au moment même où Roberval mettait à la voile pour aller prendre possession de ses États américains. Ce dernier eut dans son expédition une foule de contrariétés qui l'en dégoûtèrent. Ses sujets n'étaient pas non plus une société bien attrayante. Après en avoir pendu un pour vol, mis aux fers un certain nombre, « fouetté diverses personnes, tant hommes que femmes, » pour assurer son repos et son autorité, il découvrit qu'il était, somme toute, plus agréable d'être seigneur de Roberval que vice-roi d'Amérique, et il préféra sa terre de Picardie à ses États de Norimbega.

Près de cinquante ans s'écoulent sans que nous rencontrions aucun nouvel effort de la part des Français pour un établissement sérieux en Amérique. L'état politique de la France absorbait à l'intérieur tous les esprits, et ne leur permettait guère de songer à des aventures lointaines. Enfin, sous le règne de Henri IV, à la faveur de la paix et de l'ordre qui se rétablissaient, le commerce français reçut une impulsion nouvelle. Le nombre et l'importance des pêcheries nationales s'était bien accru. En 1578 il y eut plus de cent cinquante bâtiments français à Terre-Neuve, et on commença à faire des voyages réguliers pour trafiquer avec les naturels de l'Amérique. On cite un marin français qui, en 1609, avait déjà fait plus de quarante fois la traversée. En 1598, le marquis de *La Roche*, noble breton, obtint une commission pour renouveler l'essai de fonder un empire français en Amérique, mais il échoua complétement. Il eut beau puiser à discrétion dans les prisons pour leur emprunter ses colons; ces malheureux, en se voyant déportés sur l'île déserte du *Sable*, regrettaient leurs cachots, et le peu d'entre eux qui survécurent à leur misère firent valoir leur temps de résidence dans ce pays comme une aggravation de peine qui méritait considération, et en effet ils obtinrent ainsi leur pardon.

On put croire à une espérance de succès solide quand on vit une compagnie de négociants de Rouen se former sous le patronage du gouverneur de Dieppe, et mettre à la tête de leur expédition un homme de science, en même temps marin habile, le sieur *Champlain du Brouage*. C'est lui qui, par ses dispositions naturelles et « son goût merveilleux pour ce genre d'entreprises, » devint à vrai dire le père des établissements français au

Canada. Il possédait un esprit clair et pénétrant, une intelligence curieuse et prudente, une persévérance infatigable, une activité incessante, un courage intrépide. Le récit qu'il a fait de son premier voyage se distingue par des observations soigneuses et une grande fidélité historique. Il est plein de détails exacts sur les mœurs des tribus sauvages, aussi bien que sur la géographie du pays. Champlain choisit Québec tout d'abord comme une position bien appropriée pour y bâtir un fort.

Il revint en France au moment même où un calviniste, connu par son habileté, son patriotisme et l'honnêteté de son caractère, venait d'obtenir une patente exclusive qui lui concédait la souveraineté de l'Acadie et de son territoire, compris entre le 40e et le 46e degré de latitude, c'est-à-dire depuis Philadelphie jusqu'à Montréal. *De Monts* recevait en outre un monopole plus étendu pour le trafic des fourrures, un empire absolu sur le sol, le gouvernement, le commerce, et la liberté religieuse pour les émigrés huguenots. Des vagabonds, des gens sans aveu, des bannis même, furent condamnés à le servir. On ajouta aux honneurs de sa juridiction territoriale le bénéfice d'un monopole lucratif. Il y avait lieu, pensait-on, d'espérer de cette expédition gloire et profit.

On en poussa les préparatifs avec rapidité, et, en 1604, elle quitta le rivage de France pour n'y plus revenir jusqu'à ce qu'on eût fondé en Amérique un établissement permanent. La *Nouvelle-France* future tenait tout entière dans deux vaisseaux qui suivirent la route bien connue de la Nouvelle-Écosse. Après un été passé à trafiquer avec les indigènes le long des côtes, ils arrivèrent au havre appelé, depuis la conquête de l'Acadie par la reine Anne, *Annapolis*, port excellent, quoique d'un accès difficile, avec une rivière peu large, mais navigable, abondante en poisson, bordée de prairies magnifiques; ce beau lieu fit tant d'impression sur l'imagination de *Poitrincourt*, un des chefs de l'entreprise, qu'il en demanda la concession à de Monts, l'obtint, lui donna le nom de Port-Royal, et se décida à y établir sa résidence avec sa famille. Ils firent en effet quelques commencements d'établissement dans l'île de Sainte-Croix, à l'embouchure de la rivière du même nom. Les restes de leurs fortifications étaient encore visibles quand on fixa les limites orientales des États-Unis. Mais l'île parut aux Français si mal appropriée à leur but que, dès le printemps suivant, ils la quittèrent pour Port-Royal.

Cependant, pour une colonie agricole, il valait mieux choisir un climat plus doux. Ils le sentaient, et, dans ce but, ils explorèrent les rivières, les baies et les côtes de la Nouvelle-Angleterre, au moins jusqu'au cap Cod. Mais ils étaient en si petit nombre qu'ils n'osèrent y descendre en présence d'une population de sauvages hostiles et nombreux. Ils ne perdirent pourtant pas l'espérance d'y réussir un jour. Dupont, lieutenant de de Monts, fit trois tentatives malheureuses. Les deux premières furent déjouées par des vents contraires : à la troisième il fit naufrage. Poitrincourt, qui revenait de France avec des renforts, n'ayant rencontré lui-même que des contrariétés le long des écueils du cap Cod, finit par retourner à Port-Royal. C'est donc là le premier établissement français sur le continent américain. Il eut lieu deux ans avant la découverte de James-River, et trois ans avant qu'il y eût une cabane construite dans le Canada.

Les possessions de Poitrincourt furent confirmées par Henri IV. Les jésuites, appelés dans le pays pour la conversion des infidèles par le comte de *Biencourt*, son fils, contribuèrent à y répandre l'influence française et la religion catholique. Les Canibas, les Algonquins et d'autres tribus déjà hostiles aux Anglais, qui avaient visité leurs côtes, s'allièrent avec les nouveaux étrangers dont ils espéraient le secours. Les fortifications de Saint-Sauveur s'élevèrent alors, par les soins de de Saussaye, sur le rivage oriental de l'île de Mont-Désert. On avait choisi ce poste pour la conversion des naturels : et là, autour d'une croix dressée dans le centre du hameau, on célébra soir et matin les cérémonies du culte. Le Maine devint ainsi une province de France, vouée à la religion catholique romaine.

Cependant les remontrances du commerce en France avaient obtenu la révocation du monopole antérieurement accordé à de Monts, et une compagnie de négociants de Dieppe et de Saint-Malo avait bâti Québec en 1608, sous la conduite de Champlain, le seul peut-être qui n'eût dans cette entreprise d'autre intérêt que la gloire de fonder un État. La ville de Québec fut donc ébauchée. On construisit quelques cabanes grossières, on défricha quelques coins de terre, on planta deux ou trois jardins. L'année suivante, cet aventurier intrépide, sans autre suite que deux autres Européens, se joignit à un parti de Hurons et d'Algonquins, les uns de Montréal, les autres de Québec, pour une expédition contre les Iroquois ou les *Cinq-Nations*, au nord de New-York. Il remonta le Sorel et explora le lac qui porte encore aujourd'hui son nom.

Quelques années après (en 1615), Champlain revint en Amérique, amenant de France des moines franciscains, et fit une nouvelle invasion sur le territoire des Iroquois de New-York. Blessé, repoussé, sans guides, il passa l'hiver chez les Hurons, et, en véritable chevalier errant, il alla au travers des forêts porter sa langue, sa religion, son influence jusqu'aux huttes des Algonquins, près du lac de Nipissing.

En 1620, il commença à bâtir le fort de la colonie. Les négociants se récriaient contre cette dépense, mais il tint bon. « Il ne faut pas, disait-il, céder aux passions des hommes, elles ne durent qu'une saison ; on doit songer à l'avenir, » et quatre ans après, il avait définitivement fondé le fort Saint-Louis, qui fut si longtemps le point de départ des expéditions contre les Iroquois et la Nouvelle-Angleterre. Enfin, après quelques années de désordres dans la colonie, causés par les dissensions des catholiques et des calvinistes, Champlain réussit à établir l'autorité des Français sur les rives du Saint-Laurent ; il y mourut, et le « père de la Nouvelle-France » eut son tombeau au sein de la colonie qu'il avait fondée.

CHAPITRE III.

Découvertes et conquêtes des *Espagnols* dans les États-Unis. — *Ponce de Léon* (1512). — Tradition fabuleuse de la fontaine de Jouvence. — Ponce de Léon en *Floride*. — Il prend possession du pays au nom du roi d'*Espagne*. — Il meurt à Cuba. — Vasquez *de Ayllon* (1520). — Il découvre *Chicora*. — Ses brigandages. — Sa mort. — *Étienne Gomez* (1525). — Il découvre la *terre de Gomez*. — *Pamphile de Narvaez* (1526) en *Floride*.

Au moment où le nouveau monde se révéla à l'Europe, l'Espagne était tout entière animée d'un enthousiasme qui n'avait d'égal que ses succès récents dans la guerre des Maures. A la grande nouvelle qu'il y avait un autre univers, les vaillants soldats qui venaient de triompher si glorieusement sous Ferdinand, dans les montagnes de l'Andalousie, crurent voir s'ouvrir devant eux une nouvelle et brillante carrière dans des aventures lointaines. Il se fit alors dans leurs âmes un singulier mélange d'avarice cupide et de zèle religieux, et ils s'embarquèrent pour l'occident comme pour une autre croisade, où Dieu devait récompenser leur piété par d'inépuisables trésors. Les *chevaliers de l'Océan*, c'était désormais leur titre favori, méprisaient la lice ouverte en Europe, comme un théâtre trop étroit pour leurs faits d'armes futurs; elle n'offrait plus à leur ambition extravagante rien qui s'élevât au-dessus de la médiocrité. L'Amérique était la patrie des romans; l'imagination y voyait la satisfaction de ses rêves les plus téméraires : les naturels, dans leur ignorante simplicité, portaient sans le savoir les ornements les plus précieux, et, sous l'eau des ruisseaux limpides, l'or étincelait dans le sable. « Partout, dit l'historien de l'Océan, partout où les Espagnols se croient appelés par un simple signe ou par une voix murmurante à quelque chose qui s'élève au-dessus des eaux, aussitôt ils s'apprêtent à mettre à la voile, et laissent là le certain pour l'espérance d'un succès. » Partager des provinces avec son sabre, puiser à pleines mains dans les trésors des empires, faire son butin des monceaux d'or accumulés par quelque antique dynastie des Indes, et rentrer triomphant dans le port natal après une expédition heureuse, avec des captifs enchaînés et de riches dépouilles, telles étaient les chimériques perspectives où les Espagnols aimaient à plonger leur esprit.

Faut-il s'étonner que ces aventuriers fussent superstitieux? Le nouveau monde et ses richesses n'étaient-ils pas d'assez grandes merveilles pour justifier les illusions les plus extravagantes? Et pourquoi n'aurait-on pas été jusqu'à se flatter de l'espérance que les lois de la nature elles-mêmes n'étaient pas invincibles pour des hommes que leur courage et leur fortune avaient accoutumés à tout vaincre?

Ce fut Jean *Ponce de Léon* qui découvrit la Floride. Il avait passé sa jeunesse dans les armées, au service de l'Espagne, et, pendant les guerres de Grenade, il avait eu sa part des exploits et du butin de ses compagnons d'armes. A peine le bruit se fut-il répandu de l'apparition d'un nouveau monde, que Ponce se hâta d'aller partager les dangers et les bénéfices d'une course aventureuse en Amérique. Il accompagnait Christophe Colomb dans sa seconde expédition. Dans les guerres d'Hispaniola [1], il s'était conduit en brave, et Ovando l'avait récompensé par le gouvernement de la province orientale de cette île. Du haut des collines sur lesquelles il régnait, il put voir au delà des flots d'une mer tranquille, comme à travers l'atmosphère transparente des tropiques, l'admirable végétation de Porto Rico, rendue plus admirable encore par la distance; une visite qu'il fit dans cette île enflamma sa cupidité, et il aspira à la gouverner. Il obtint en effet ce poste envié. Habitué aux rigueurs d'une guerre sanguinaire, il fut

1. Saint-Domingue.

inexorable dans son administration. Il opprima les naturels pour amasser de l'or; et, comme sa commission de gouverneur de Porto Rico lésait les prétentions légitimes de la famille de Colomb, la politique, d'accord avec la justice, lui enleva son gouvernement.

Mais, au milieu d'un archipel et dans le voisinage d'un continent, qu'était-ce pour un brave comme Ponce de Léon que la perte d'une île, fertile il est vrai, mais sauvage? L'âge n'avait pas modéré chez lui l'ardent amour des entreprises. Il lui tardait d'assurer sa fortune par la conquête d'un royaume, et de refaire à nouveau une réputation qui n'était pas sans quelque tache. D'ailleurs, ce vieux soldat avait ouvert une oreille crédule à certain conte alors très-répandu. Il s'agissait d'une fontaine qui possédait la vertu de renouveler la vie des mortels assez heureux pour pouvoir se baigner dans son courant; elle rendait une jeunesse perpétuelle à celui qui buvait de ses eaux. Si étrange qu'elle pût paraître, cette tradition était alors universellement accréditée en Espagne, non-seulement dans le peuple, non-seulement à la cour, mais parmi les hommes les plus distingués par leur intelligence.

La nature allait donc livrer elle-même ses plus précieux secrets, ceux que tous les efforts de l'alchimie avaient en vain poursuivis jusque-là. L'élixir de vie allait couler d'une source éternelle de ce nouveau monde, au milieu d'un pays éclatant d'or et de pierreries.

Ponce, avec une escadre de trois vaisseaux équipés à ses frais, s'embarqua à Porto Rico pour son voyage au pays des fées. Il toucha à Guanahani, et traversa les Bahamas, mais il trouva partout les lois de la nature inexorables. Le dimanche des Rameaux, que les Espagnols appellent *Pascua florida*, on vit la terre. On supposait que c'était une île; elle reçut le nom de *Floride*, à cause du jour où elle avait été découverte, et peut-être aussi de l'aspect des forêts alors brillantes des fleurs et de la fraîche verdure du printemps. Le mauvais temps ne permit pas d'abord à l'escadre d'aborder : cependant le vieux soldat prit enfin terre à la latitude de 30 degrés 8 minutes, quelques milles au nord de Saint-Augustin. On commença par assurer à l'Espagne la possession du territoire. Ponce employa quelques semaines à reconnaître la côte qu'il avait découverte; il doubla le cap Floride, traversa le groupe qu'il nomma Tortugas, et, désespérant de réussir, reprit le chemin de Porto Rico, laissant à un compagnon fidèle le soin de poursuivre ses recherches.

Les Indiens qu'on avait rencontrés avaient partout opposé une résistance énergique. Ponce de Léon dut se résigner à garder sa vieillesse, mais le commerce espagnol gagna à cette expédition un nouveau passage au golfe de Florida, et l'Espagne une nouvelle province que l'imagination pouvait estimer d'une richesse infinie, puisque l'on n'en connaissait pas du tout l'intérieur.

Ponce reçut du roi le titre de gouverneur de la Floride; mais cette dignité lui fut conférée à la condition onéreuse qu'il coloniserait le pays soumis à son gouvernement. Arrêté par des préparatifs qu'il faisait en Espagne et par une expédition contre les Caraïbes, il différa d'abord son retour en Floride; puis, quand il revint, après un long intervalle, prendre possession de sa province et choisir une position pour asseoir la colonie, sa troupe fut attaquée par les Indiens avec une furie implacable. Un grand nombre d'Espagnols restèrent sur le champ de bataille : les autres furent forcés de regagner leurs vaisseaux en toute hâte : Ponce de Léon lui-même, blessé mortellement d'un coup de flèche, retourna à Cuba pour y mourir vieux et pauvre, au moment où il rêvait des richesses sans mesure et une jeunesse sans fin.

Cependant diverses expéditions espagnoles explorèrent les côtes de la Floride, du Yucatan et de Campêche : quelques-unes en rapportèrent des échantillons d'or, obtenus des sauvages en échange de pures bagatelles. En 1520, un voyage entrepris pour enlever des esclaves conduisit les Espagnols encore plus loin vers les côtes septentrionales. Une compagnie, dans laquelle on comptait Lucas *Vasquez de Ayllon*, équipa deux bâtiments à Saint-Domingue pour aller chercher des esclaves qu'ils pussent employer aux travaux des plantations et des mines. Des îles Bahamas, ils passèrent à la côte de la Caroline du sud, qu'ils appelèrent Chicora. La rivière de Combahee reçut le nom de Jourdain. Celui de Sainte-Hélène, alors donné au cap, est resté au détroit. Les naturels de ces contrées n'avaient pas encore eu de motifs de craindre les Européens, et, s'ils fuyaient à l'approche des bâtiments où on leur préparait l'esclavage, c'était l'effet d'une timidité causée plutôt par la surprise que par le sentiment du danger. Ils échangèrent des présents : ils offrirent aux étrangers une hospitalité généreuse; la confiance s'établit. Les indigènes furent invités à faire une visite à bord : une foule joyeuse s'empressa de s'y rendre; les vaisseaux en étaient couverts. Aussitôt les Espagnols lèvent l'ancre, déploient les voiles, et tournent la proue vers Saint-Domingue. C'étaient des époux qu'on enlevait à leurs femmes, des enfants à leurs parents. On sema ainsi la guerre où avait régné la paix; comment s'étonner si l'inimitié la plus farouche remplaça dans ces pays l'amitié la plus confiante? Ce crime du reste ne porta point profit à ses auteurs et finit plus tard par de terribles vengeances; un des bâtiments sombra en mer, entraînant dans les eaux innocents et coupables : dans l'autre un grand nombre des captifs moururent de maladie.

Vasquez, retournant en Espagne, alla se vanter de cette expédition et en demander la récompense. L'empereur Charles V, reconnaissant la justice de ses titres, non-seulement lui accorda des provinces connues, mais des conquêtes à faire, par exemple celle de Chicora. Cette entreprise hardie eut un succès funeste pour Vasquez. Il commença par y perdre sa fortune en préparatifs; puis son plus grand vaisseau échoua dans la rivière du Jourdain : bon nombre de ses hommes furent tués par les naturels que le ressentiment poussait à une active résistance. Lui-même il échappa à grand'peine, et le regret de n'avoir rien fait qui pût recommander sa mémoire non moins que l'humiliation d'avoir échoué dans son entreprise, précipita, dit-on, sa mort.

Après lui, Cortez, triomphant au Mexique, proposa à son roi de résoudre le problème d'un passage au nord-ouest, problème qui avait jusqu'alors défié le courage et la persévérance de tant de navigateurs; il pensait que l'existence de ce passage était hors de doute, et il espérait, par des voyages simultanés le long des côtes de l'Amérique, sur la mer Atlantique et sur l'océan Pacifique, compléter la découverte dont Cabot avait indiqué le chemin.

Mais si l'offre de Cortez resta sans effet, son projet de voyage au nord-ouest n'en fut pas moins repris par un marin habile, *Étienne Gomez*, qui avait accompagné Magellan dans la mémorable expédition qui lui ouvrit pour la première fois l'entrée de l'océan Pacifique. Le concile des Indes décréta l'utilité de cette entreprise, dans l'espérance de découvrir la route septentrionale des Indes, qui, malgré le mauvais succès des tentatives précédentes, n'en passait pas moins pour certaine dans l'opinion universelle. Le vaisseau de Gomez pénétra dans les baies de *New-York* et de la *Nouvelle-Angleterre*. On voit encore, dans les vieilles cartes espagnoles, cette portion de territoire indiquée sous le nom de *terre de Gomez*. Voyant ses espérances de découvertes déçues, et, à défaut d'autre succès, voulant au moins ne pas s'en retourner les mains vides, il remplit son vaisseau d'Indiens robustes, pour les vendre comme esclaves. Un butin infâme fut le couronnement de ses brillantes chimères. A partir de ce moment les Espagnols dédaignèrent tout voyage vers les glaces du nord. C'est vers le sud seulement qu'ils continuèrent à chercher, à espérer *de grandes*, *d'excessives richesses*.

Cependant la conquête de la Floride ne resta pas abandonnée. Le privilége en fut accordé à *Pamphile de Narvaez*, homme médiocre d'ailleurs, dont la vanité s'attira une humiliante réponse de Cortez. Devenu son prisonnier, après avoir perdu un œil dans la bataille et s'être vu abandonné de ses troupes : « Vous pouvez, dit-il à Cortez, rendre de belles grâces à la fortune d'avoir livré entre vos mains un prisonnier tel que moi. — C'est pourtant le moindre de mes exploits, » reprit le vainqueur du Mexique.

Le territoire mis à la merci de Narvaez s'étendait jusqu'à la rivière des Palmiers, par conséquent plus à l'ouest que celui qui fut compris plus tard dans la Louisiane. Son expédition ne fut pas pour lui moins désastreuse que ses combats contre Cortez. Sur trois cents hommes qui le suivirent, dont quatre-vingts cavaliers, quatre ou cinq seulement échappèrent. La valeur des naturels, la faim, la soif et la peste, le défaut d'entente entre les équipages à bord et les troupes de débarquement, les méprises des commandants, tout se réunit pour faire échouer en un moment cette entreprise malencontreuse. Il n'est pas possible aujourd'hui de fixer avec exactitude le point où Narvaez débarqua d'abord en Floride : c'était probablement dans une baie un peu à l'est du méridien du cap Saint-Antoine de Cuba, non loin de la baie appelée maintenant Appalachee.

Les Espagnols s'enfoncèrent d'abord dans les terres, sans savoir où ils étaient ni où ils allaient, suivant seulement les directions que leur donnaient les naturels. Ceux-ci, avec une sagacité qui les inspirait bien, pour se soustraire au danger présent, leur décrivaient l'intérieur du pays comme plein d'or, et se débarrassaient de la présence de ces hôtes turbulents, en excitant dans leur esprit l'espérance de voir bientôt rassasier leur cupidité. La ville d'Appalachee, qu'on leur avait représentée comme un centre de richesses accumulées, ne se trouva plus être à leur arrivée qu'un misérable amas de pauvres wigwams. Enfin ce fut probablement dans la baie de Pensacola que les débris de l'expédition, après une excursion de huit cents milles, revirent la mer, réduits à une extrême pénurie. Là ils fabriquèrent quelques bateaux grossiers qui ne pouvaient être montés que par des hommes au désespoir, et Narvaez, avec la plupart de ses compagnons, après avoir passé près de six mois en Floride, périt dans une tempête à l'embouchure du Mississipi. L'équipage d'un vaisseau fut jeté par le naufrage sur une île, où la plupart de ceux qui avaient échappé à la mer moururent de faim. Les quatre hommes qui finirent par atteindre le Mexique par terre n'y arrivèrent qu'après quatre années de misère et de fatigue. Le récit de leurs courses errantes, de leur infortune et de leur courage ne pouvait manquer d'être semé de merveilles.

Leur voyage, en effet, à travers la Louisiane et le nord du Mexique, jusqu'aux rivages de *Sonora* sur l'océan Pacifique, était presque aussi long que celui de Lewis et de Clark aux sources du Missouri et à l'embouchure de la rivière de Colombie. L'histoire qu'en publia l'un d'eux, après en avoir affirmé par serment l'exactitude devant un magistrat, n'en est pas moins défigurée par les exagérations les plus téméraires et les fictions les plus extravagantes. On n'y gagna pas grand'chose pour la connaissance des baies et des rivières de la Floride sur le golfe du Mexique. Les contes étranges qu'on y lisait sur des cures miraculeuses, et des prodiges surnaturels qui vont jusqu'à la résurrection des morts, n'étaient que des impostures sans importance; mais ce qui fut moins innocent, c'est l'erreur dans laquelle ces aventuriers continuèrent d'entretenir le monde, en persévérant à raconter que la Floride était la plus riche contrée du globe.

CHAPITRE IV.

Suite des découvertes et conquêtes des *Espagnols* dans les limites des États-Unis d'Amérique. — *Ferdinand de Soto* (1538). — Préparatifs de son expédition en *Floride*. — Relâche à Cuba. — *Porcallo* se joint à l'expédition. — Débarquement sur les côtes. — Ses courses aventureuses dans l'intérieur du pays. — Son mauvais succès. — Victoire sur les indigènes à *Mobile*. — Retraite de Soto. — Guerre avec les *Chickasaws*. — Désastres de l'expédition. — Détails sur le pays qu'elle parcourt. — Traitements infligés aux naturels. — Mort de Soto (1542). — Retour de l'expédition (1543). — Louis Cancello, missionnaire dominicain et martyr en Floride (1547).

Cette assertion flattait la crédulité des hommes qui connaissaient par eux-mêmes la richesse du Mexique et du Pérou. Mais elle fut surtout funeste à *Ferdinand de Soto*, originaire de Xérès, alors devenu l'un des favoris de la cour. Il avait gagné au service honneur et fortune dans le nouveau monde. C'était le compagnon chéri de Pizarre dans la conquête du Pérou, où il s'était distingué par sa conduite et sa valeur. A l'assaut de Cusco, il avait surpassé tous ses compagnons d'armes. Il assistait à l'arrestation du malheureux Atahualpa, et il eut part à l'immense rançon dont l'Inca trop confiant acheta la promesse de le rendre à la liberté.

Plus tard, prévoyant les divisions sanglantes qui allaient éclater entre les Espagnols au Pérou, Soto s'était retiré à temps avec sa part de butin ; il venait de reparaître en Espagne, pour y jouir des honneurs mérités par ses exploits, y déployer son opulence, et solliciter de l'avancement à la cour. On le reçut en triomphateur ; tous les genres de succès semblaient l'attendre. La fille de l'illustre gentilhomme sous lequel il avait servi (pauvre aventurier qu'il était alors) devint sa femme, et la faveur particulière dont l'honorait Charles V semblait inviter son ambition aux prétentions les plus hautes.

On avait toujours cru que les profondeurs du continent américain, vers le nord, cachaient des cités aussi magnifiques et des temples aussi richement dotés que ceux qu'on avait pu trouver et piller sous les tropiques. Soto aspirait à rivaliser de gloire avec Cortez et à surpasser Pizarre en richesses. Aveuglé par l'avarice et l'ambition, il retourna à Valladolid pour demander la permission de conquérir la Floride à ses frais. Charles V n'eut pas de peine à concéder à un chef si renommé le gouvernement de l'île de Cuba, avec un absolu pouvoir sur le territoire immense auquel on appliquait encore vaguement le nom de Floride.

Cette expédition nouvelle ne fut pas plutôt annoncée en Espagne que l'on en conçut les espérances les plus insensées. Comment ne s'y serait-on pas livré, en voyant le conquérant du Pérou y hasarder lui-même sa fortune et la grandeur de son nom! Une foule de volontaires, presque tous de haute naissance et de grande richesse, s'enrôlèrent. On mit en vente maisons de ville et vignobles, terres de culture et plants d'oliviers dans la plaine de Séville, tout comme au temps des croisades, pour les échanger contre des équipements militaires. Le port de San Lucar de Barrameda se remplit des nobles aventuriers qui venaient solliciter l'avantage de prendre part à l'entreprise. Il y avait même des soldats du Portugal qui accouraient pour servir. On passa une revue, où les Portugais se montrèrent dans tout l'éclat de leurs armures d'acier, pendant que les Castillans étalaient leurs « galants habits de soie sur soie. »

Soto dirigeait l'armement : parmi ces aspirants nombreux il choisit pour compagnons six cents hommes dans la vigueur de l'âge, la fleur de la péninsule. Bon nombre d'*hommes* de grande maison, qui avaient vendu leurs terres pour s'équiper, eurent le chagrin de rester, faute de places.

La flotte mit gaiement à la voile comme une noce qui s'embarque pour une partie de plaisir. En arrivant à Cuba, on prit la précaution d'envoyer en avant des vaisseaux en Floride, pour s'y assurer d'un havre de débarquement. Deux Indiens, emmenés captifs à la Havane, ne se faisaient pas faute d'inventer tous les mensonges qu'ils croyaient propres à flatter les espérances de leurs maîtres. Comme ils ne pouvaient converser que par signes, on voulut voir dans ces signes la confirmation de l'erreur où l'on était que l'or abondait dans la Floride. Nouvelle heureuse, acceptée sur-le-champ avec enthousiasme! Soto et ses troupes soupiraient après l'heure du départ pour la conquête de « la plus riche contrée qu'on eût encore découverte. » La contagion gagna jusqu'à Cuba, et Vasco Porcallo, homme âgé et des plus riches parmi ses concitoyens, prodigua sa fortune dans les préparatifs d'un équipement plein de magnificence.

L'arrivée de Soto avait été saluée à Cuba par de longues et brillantes réjouissances. A la fin, tout étant prêt, il laisse à sa femme le gouvernement de l'île, part avec sa bande, plein d'espérances illimitées, et s'embarque pour la Floride : quinze jours après, sa flotte jetait l'ancre dans la baie du *Saint-Esprit*. Les soldats sont mis à terre, on débarque les chevaux au nombre de deux à trois cents, enfin l'armée d'expédition foule le sol qu'elle avait souhaité avec tant d'ardeur. Soto ne voulait accepter d'autre augure que celui du succès ; à l'exemple de Cortez, il refusa de garder ses vaisseaux pour éviter jusqu'à la tentation d'une retraite. Il en renvoya la plupart à la Havane. Le vieux Porcallo prit l'alarme de bonne heure, et commença à se sentir poursuivi par le souvenir de son riche établissement à Cuba. Un de ses buts principaux dans cette expédition avait été de se procurer des esclaves pour exploiter ses terres et ses mines. Effrayé à la vue des marais et des forêts épaisses qu'il allait avoir à traverser, il remonta sur son bâtiment et fit voile pour son île, résolu d'y retourner jouir en paix de son opulence. Soto s'indigna de cette désertion, mais dissimula sa colère.

Les aventuriers formaient un corps nombreux d'infanterie et de cavalerie, armés de pied en cap. Les plus fameuses expéditions dans l'empire du Mexique et du Pérou n'avaient pas vu sur pied pareille troupe. On n'avait rien oublié des préparatifs que pouvaient suggérer l'expérience des premières invasions et la cruauté de l'avarice : des chaînes pour les captifs, des instruments de forge, toutes les armes alors en usage, et jusqu'à une bande auxiliaire de limiers, redoutables aux naturels nus et presque sans armes; d'amples provisions de nourriture, et enfin, pour dernière ressource, un troupeau de cochons, destinés à pulluler bientôt dans ce climat favorable, où les forêts et le maïs des Indiens leur fourniront une abondante pâture. C'était, à vrai dire, une course d'élégants flibustiers en quête de butin, une excursion romanesque de chevaliers de hasard, rendus féroces par l'avarice, à travers des régions vierges encore et par des chemins inconnus, sans autre direction arrêtée que d'aller partout où une vaine rumeur leur indiquerait la résidence de quelque chef plus riche que les caciques du Pérou, partout où les signes mal compris des naturels ignorants sembleraient leur promettre une riche moisson d'or. La passion des cartes fit alors sa première apparition dans les forêts sauvages du nouveau monde, et souvent on vit, dans les haltes de l'expédition, des groupes de ces aventuriers insouciants se livrer aux émotions d'un jeu désespéré. A côté de l'attirail militaire que Soto traînait à sa suite, on voyait aussi une image de la religion, malheureusement impuissante à combattre l'avarice et la cruauté de tels conquérants. Douze prêtres et d'autres religieux les avaient accompagnés. Ils venaient conquérir eux-mêmes la Floride au catholicisme, pendant ces scènes de spoliation et de carnage. Ils étaient munis de tous les ornements destinés au service de la messe : ils faisaient observer les fêtes et les pratiques religieuses; pendant la marche même des troupes dans le désert, les cérémonies solennelles prescrites par l'Église étaient scrupuleusement célébrées.

Les Espagnols commencèrent par visiter le pays des Appalaches, à l'est de la rivière Flint, et non loin du promontoire d'Appalachee. Leur marche fut pleine d'ennui et de péril. Les Indiens se montrèrent hostiles sur tous les points. Les deux captifs de la première expédition s'échappèrent. Un Espagnol qui, depuis Narvaez, était resté comme esclave dans le pays, ne put donner aucun renseignement sur les régions prétendues où l'on devait trouver tant d'or et d'argent. Les guides prenaient plaisir à égarer les Castillans et à les perdre dans les marécages, même en face de la mort qui les attendait pourtant comme une punition infaillible; et quelle mort! ils étaient abandonnés à la gueule dévorante des chiens.

La bande des aventuriers finit par se décourager et par demander au gouverneur de les ramener en arrière, puisque le pays n'offrait décidément aucune perspective de bonheur. « Je ne veux pas, dit Soto, revenir sur mes pas avant de m'être convaincu, par mes propres yeux, de la pauvreté du pays. » Les Indiens des tribus hostiles, qu'on faisait prisonniers en passant, étaient mis à mort ou réduits en esclavage. On les conduisait chargés de chaînes, des carcans de fer au cou : ils étaient employés à broyer le maïs et à porter les bagages. Cependant quelques éclaireurs découvrirent Ochus, le port de Pensacola, et on en profita pour faire demander à Cuba d'envoyer l'année suivante sur cette côte des renforts pour l'expédition.

Au commencement du printemps de l'année 1540, les Espagnols reprirent leur marche, sous la conduite d'un Indien qui leur promit de les conduire dans un pays gouverné, disait-il, par une femme, et où l'or se trouvait avec une telle abondance qu'on y connaissait l'art de le fondre et de l'affiner. Il en expliquait même si clairement les procédés que les Espagnols, se livrant une fois de plus à leur crédulité, reprirent courage, et s'écrièrent : « Il faut bien qu'il l'ait vu ou qu'il l'ait appris du diable. » L'Indien, à ce qu'il paraît, leur indiquait les régions aurifères du nord de la Caroline. Les aventuriers le suivent donc avec empressement. Ils passent l'Alatamaha ; ils admirent les vallées de la Géorgie, fertiles et arrosées par de bonnes rivières. Ils traversent, vers le nord, un affluent de l'Alatamaha, et au sud un bras de l'Ogechee; enfin ils arrivent à l'Ogechee lui-même, qu'ils trouvent, au mois d'avril, courant à pleins bords dans son lit rapide. Pendant une grande partie du temps que les Espagnols errèrent dans ces déserts sans issue, ils souffrirent du manque de viande et de sel. Leur guide simula la folie; mais « on lui dit un évangile, et son accès se passa. » Puis il les conduisit de nouveau dans des déserts sans fin, et on allait le donner à manger aux chiens, quand on se ravisa par la réflexion qu'il était encore utile pour servir d'interprète. Sur quatre Indiens que l'on fit prisonniers et que l'on interrogea, l'un répondit étourdiment qu'il ne connaissait pas de pays comme celui qu'on lui dépeignait. Le gouverneur donna l'ordre de le faire brûler pour punir son imposture. La vue des apprêts du supplice et de l'exécution stimula l'esprit inventif de ses compagnons, et les Espagnols se dirigèrent sur le petit poste indien de Cutifa-Chiqui. Ils y trouvèrent une dague et un rosaire, dont les Indiens firent remonter la possession à l'expédition de Vasquez de Ayllon. Après deux jours de marche, Soto arriva, à ce qu'on croit, au port de Sainte-Hélène.

Les soldats voulaient retourner dans leur patrie, ou s'établir sur le sol fertile qu'ils voyaient autour d'eux. Le gouverneur, qui « était un homme dur et bref en paroles, » écoutait volontiers les opinions des autres, mais il était inflexible à maintenir la sienne, et tous ses compagnons, « par condescendance pour sa volonté, » continuèrent de poursuivre leurs chimères.

Ils se dirigèrent alors vers le nord, dans le pays bien moins fécond des Cherokees, et traversèrent une contrée où l'on trouve aujourd'hui de l'or. Les habitants en étaient pauvres, mais de mœurs douces. Ils offrirent généreusement tous les présents que comportait leur état de civilisation, des peaux de daim et des poules sauvages. Il est difficile de croire que Soto ait traversé les montagnes pour pénétrer dans le bassin du Tennessee. Plus vraisemblablement, il passa des sources du Savannah, ou du Chattahouchee, à celles de la Coosa. Canasanga, village où il fit une halte, donne encore son nom à un bras de cette dernière rivière. Des éclaireurs, envoyés à la découverte du côté du nord, furent effrayés à la vue de la chaîne des Appalaches, et les déclarèrent infranchissables. Ils étaient allés y chercher des mines d'or et de cuivre; ils en rapportèrent, pour tout butin, une peau de buffle.

A la fin de juillet, les Espagnols étaient à Coosa. Dans le cours de l'été, ils avaient eu l'occasion d'apprécier le raisin sauvage du pays, le même peut-être qui depuis a mérité les honneurs d'une culture réglée, et d'admirer les proportions robustes du maïs, qui dressait ses tiges dans les plaines fertiles d'Alabama. En appuyant vers le sud, ils aboutirent à Tuscaloosa, et, peu de temps après, ils trouvèrent une ville importante sur l'Alabama, au-dessus du confluent du Tombeebee, environ à cent milles, ou six journées de marche, de Pensacola. Cette ville s'appelait *Mavilla* ou *Mobile*, nom qui lui est resté jusqu'à ce jour. Il n'appartient même plus uniquement à la baie, mais s'est étendu à la rivière au-dessous de sa jonction avec ses nombreux tributaires. Les Espagnols, fatigués de coucher à la belle étoile, voulurent occuper les cases des naturels, qui résistèrent à ces hôtes, juste objet de méfiance et de crainte. Il s'ensuivit un combat dans lequel les Espagnols durent la victoire à la terreur qu'inspirait leur cavalerie. Peut-être les Indiens n'ont-ils jamais livré une bataille plus meurtrière sur le sol occupé aujourd'hui par les États-Unis. La ville fut livrée aux flammes, et un témoin de cette scène, qui exagéra beaucoup sans doute le désastre, raconte que deux mille cinq cents Indiens périrent par le fer, la flamme ou la fumée. Ils s'étaient battus avec le courage du désespoir, et, sans l'incendie rapide qui dévora sous leurs yeux leurs cabanes serrées et de construction légère, ils auraient réussi à repousser leurs ennemis. « Du côté des chrétiens, il en mourut dix-huit. » Cent cinquante furent blessés de coups de flèches, douze chevaux furent tués, soixante-dix mis hors de combat. Les flammes n'avaient pas épargné le bagage des Espagnols, qui se trouvait dans la ville et fut entièrement consumé avec elle.

Cependant, les vaisseaux envoyés à Cuba étaient de retour à Ochus, maintenant Pensacola. Soto avait trop d'orgueil pour avouer son échec. Il n'avait fait aucune découverte importante; il n'avait amassé ni or ni argent dont il pût envoyer des échantillons pour tenter de nouvelles dupes. Les flammes de Mobile avaient dévoré les collections curieuses qu'il avait faites. Rien ne caractérise mieux la cupidité obstinée et l'orgueil indomptable qui présidèrent à cette expédition que la résolution prise par Soto, dans une pareille situation, de n'en envoyer aucune nouvelle avant qu'à l'exemple de Cortez il eût trouvé quelque riche contrée.

Mais celle qu'il rencontra au-dessus de l'embouchure de la Mobile était peuplée et hostile, et de plus elle était trop pauvre pour promettre un pillage qui en valût la peine. Soto fit retraite vers le nord, avec ses troupes, réduites déjà par la guerre et les maladies à cinq cents hommes. Un mois se passa avant qu'il pût prendre ses quartiers d'hiver à Chicaça, petite ville des Chickasaws, dans la partie haute de l'État du Missisipi, probablement sur la rive gauche du Yazoo. Le froid fut sévère; il tomba de la neige, mais le maïs était encore debout dans les champs : les Espagnols purent trouver des ressources pour vivre, et la ville abandonnée, avec quelques huttes grossières qu'ils y élevèrent encore, leur fournit un abri pour l'hiver. Mais point de mines comme au Pérou; point de bijoux en or sur le col ou sur la poitrine de ces tristes sauvages. Ils n'avaient d'autres trésors que leurs moissons de grain, d'autres palais que leurs wigwams. Ils étaient pauvres et indépendants; ils avaient l'âme fière et un amour obstiné de la liberté.

En 1541, dès le début du printemps, Soto, selon sa pratique ordinaire chez les autres tribus, demanda au chef des Chickasaws deux cents hommes pour porter le bagage de ses soldats. Les Indiens hésitèrent. Puis, par une inspiration qui déjà n'était pas nouvelle, et qui s'est plus d'une fois renouvelée depuis, ils firent ce qu'avaient fait avant eux les Athéniens de Thémistocle, ce qu'ont fait de nos jours les habitants de Moscou : plutôt que de voir des étrangers, des ennemis occuper leurs foyers, ils attendent les ombres de la nuit, trompent les sentinelles et mettent le feu à leurs maisons occupées par les Castillans. En un moment plus de la moitié de ces pauvres habitations était en flammes, et les hourras sauvages de leur cri de guerre national retentissaient dans l'air. Si les Chickasaws avaient agi avec une bravoure calme, ils auraient aisément remporté une victoire complète; mais ils furent comme effrayés de leur premier succès, et craignirent le résultat final d'une lutte inégale contre des armes d'acier. Un grand nombre de chevaux avaient brisé leurs liens : épouvantés par l'incendie, et loin de leurs cavaliers, ils couraient au travers de la forêt dont le bourg en feu illuminait les ombres, et semblaient, aux yeux des naturels ignorants, des escadrons ennemis qui s'avançaient contre eux. Plusieurs autres périrent à leurs crèches; les pourceaux furent en grande partie brûlés dans l'incendie; onze Espagnols furent aussi la proie des flammes ou perdirent la vie dans la bagarre. Le peu de linge et d'habillements qu'on était parvenu à sauver de l'incendie de Mobile fut perdu cette fois, et les étrangers, réduits au même état de nudité que les indigènes, souffrirent cruellement du froid. Leurs armes et leur équipement militaire furent également consumés ou mis hors de service. Si les Indiens avaient fait, cette nuit même ou la suivante, une attaque résolue, les Espagnols étaient hors d'état de leur résister. Mais, dans l'intervalle d'une semaine de répit, ils dressèrent des forges, trempèrent de nouvelles épées, et firent avec le frêne d'Amérique des piques qui valaient les meilleures lances de Biscaye. Quand leurs ennemis revinrent pour forcer le camp, ils trouvèrent les chrétiens prêts à les recevoir.

Tous les désastres subis jusqu'à cette heure, loin d'abattre la témérité du gouverneur, ne firent qu'ajouter à son obstination en blessant son orgueil. Pouvait-il, après avoir promis de rapporter un plus riche butin que les trésors du Mexique et du Pérou, revenir dans son pays, vaincu, fugitif, et dans un tel état de nudité que ses troupes n'avaient pour se couvrir que des peaux de bêtes ou des tresses de lierre? Il recommença à poursuivre la recherche d'un nouvel Eldorado : la caravane, cette fois, s'avança plus loin encore vers l'occident. Pendant sept jours, elle eut à se débattre dans un désert de forêts et de marécages, et finit par arriver à des établissements indiens dans le voisinage du Mississipi. Soto fut le premier Européen assez heureux pour voir de ses yeux la magnifique rivière qui roulait sa masse immense à travers la végétation splendide d'une vaste terre d'alluvion. Les trois cents ans qui se sont écoulés depuis n'ont pas changé le caractère du courant : il avait alors, d'après les descriptions du temps, un peu plus d'un mille de large, et son cours rapide, entraîné par le poids de ses eaux, se creusait un canal d'une grande profondeur. L'eau en était toujours limoneuse : des arbres et des pièces de bois flottaient continuellement à sa surface.

Les Espagnols furent conduits au Mississipi par les naturels, probablement près de quelque passage qui leur était ordinaire, au bas de Chickasa-Bluff, non loin du trente-cinquième parallèle de latitude. L'arrivée des étrangers excita la curiosité et la crainte. Une multitude de gens des rives occidentales du fleuve, le corps peint et plaisamment décoré de grands panaches de plumes blanches, avec leurs guerriers rangés l'arc et la flèche à la main, leurs chefs assis sous des pavillons aussi magnifiques qu'on pouvait les attendre de l'état de l'art chez ces nations sauvages, descendirent la rivière à force de rames, formant une flotte de deux cents canots, et parurent aux yeux des Espagnols étonnés « comme une belle escadre de galères. » Ils apportaient en présent des poissons et des pains faits du fruit de *persimmon*. Ils avaient commencé par montrer quelque velléité de résistance; mais, comprenant bientôt leur infériorité, ils cessèrent de défier au combat un ennemi qu'ils n'avaient pas l'espoir de vaincre, et se résignèrent à leur sort sans essayer de se venger ouvertement. Leurs bateaux se trouvant trop faibles pour transporter les chevaux, près d'un mois s'écoula à construire des barques assez grandes pour contenir chacune trois cavaliers avec leur monture et les passer sur l'autre bord. Enfin les Espagnols opérèrent leur embarquement sur le Mississipi et descendirent sur la rive occidentale du fleuve.

La tribu des Dahcotas occupait alors le pays situé au sud-ouest du Missouri. Soto en avait entendu faire l'éloge. Il croyait qu'elle possédait dans son voisinage des mines précieuses, et il prit la détermination de visiter ses bourgades. En remontant le Mississipi, l'expédition fut souvent obligée de passer à gué les marécages, avant d'aborder, à ce qu'il semble, à la *Petite-Prairie*, et au territoire sec et élevé qui s'étend du côté de *New-Madrid*.

Là se rencontrèrent en face les deux religions des naturels et des conquérants : ceux-ci se virent adorés comme les *fils du soleil;* on leur amena les aveugles pour qu'ils fussent guéris par les enfants *de la lumière.* « Ne demandez qu'à Dieu, qui est dans les cieux, leur répondit Soto, tout ce dont vous avez besoin, » et la doctrine sublime, proclamée quinze cents ans auparavant à l'entrée des déserts de l'Arabie, éclata pour la première fois dans les prairies du monde occidental.

Le pays portait en abondance des fruits sauvages : le *pecannut*, le mûrier, et deux espèces de prunier indigène fournissaient aux naturels une partie de leur nourriture. Soto resta quarante jours à Pacaha, le point le plus septentrional qu'il eût visité dans le voisinage du Mississipi. On peut le reconnaître aujourd'hui même par la conformité des lieux avec la description des amusements auxquels les Espagnols se livrèrent pendant leur course errante. Ils y pêchèrent des poissons de la nature de ceux que l'on trouve encore dans ces parages. L'un d'eux, le *spade-fish* (platyrostra edentula), la créature la plus étrange et la plus fantastique des rivières de l'ouest, si rare que même aujourd'hui on la rencontre à peine dans tous les muséums, est décrit avec exactitude par le meilleur historien de l'expédition.

Des éclaireurs qu'on avait envoyés pour explorer

le nord du pays revinrent avec la nouvelle que ce n'était presque qu'un désert. Quant aux contrées plus voisines encore du Missouri, les Indiens les représentaient comme peu peuplées. Les bisons y étaient en si grand nombre qu'on n'y pouvait cultiver le maïs. Le peu d'habitants qu'on y rencontrait étaient des chasseurs. Soto tourna en conséquence vers l'ouest et le nord-ouest, et s'enfonça plus avant encore dans l'intérieur du continent. Il est probable que ses courses dans cette direction s'arrêtèrent aux montagnes de la rivière Blanche (*White-River*), à plus de deux cents milles du Missisipi. Les Espagnols n'y trouvèrent, à leur grand découragement, ni or ni pierreries, et se mirent en marche vers le sud. Ils traversèrent bon nombre de villes indiennes dont la position est aujourd'hui incertaine, jusqu'à ce qu'enfin nous les trouvons chez les *Tunicas*, près des fontaines thermales et des sources salées qui portent leurs eaux tributaires au Washita. Ce fut à Autiamque, ville placée sur cette rivière, qu'ils passèrent l'hiver; ils étaient arrivés à l'établissement du pays des Kappaws.

Partout sur leur route ils avaient trouvé les tribus indigènes dans un état de civilisation supérieure à celle des hordes nomades. C'étaient des peuples livrés à l'agriculture, avec des résidences fixes. Ils vivaient de la récolte de leurs moissons plus que du produit de leur chasse. Ignorants des arts de la vie, ils ne pouvaient offrir de résistance sérieuse à leurs hôtes de passage. L'arc et les flèches étaient les armes les plus meurtrières dont ils connussent l'usage. Il ne paraît pas qu'ils fussent turbulents ou querelleurs : au contraire, la modération de leur caractère et la fécondité de leur sol les disposaient à vivre en paix, sans contestation pour la possession de leurs territoires respectifs. Leur habillement se composait en partie de tresses de lierre et de jonc, ou bien d'écorce et de filaments. Dans la saison du froid, ils portaient des manteaux de plumes tissées ensemble. Ils se réunissaient par tribus. Chaque tribu occupait ce que les Espagnols appelaient une province : leurs villages, généralement assez rapprochés, ne se composaient que d'un petit nombre d'habitations. Les Espagnols n'avaient pour eux d'autres égards que ceux qui leur étaient commandés par la nécessité; tous ceux dont ils croyaient avoir à se plaindre, ils en faisaient des esclaves pour porter leurs fardeaux ou pour les guider dans leur marche. Au moindre soupçon, ils coupaient les mains d'un grand nombre d'entre eux comme punition et comme moyen d'intimidation. Les jeunes cavaliers se distinguaient particulièrement par leurs cruautés et leur amour du carnage; ils se croyaient vaillants quand ils étaient impitoyables. Le guide qui, par ignorance ou par malice, les conduisait loin des établissements de sa tribu, était saisi sur-le-champ et jeté aux chiens. Plus d'une fois il y eut des Indiens livrés aux flammes. Le plus léger prétexte suffisait au gouverneur pour mettre le feu à un hameau. Ce n'est pas qu'il se fît un plaisir d'être cruel, mais le bonheur, la vie, les droits d'un Indien étaient comptés pour si peu de chose! Aussi apprenait-on partout la nouvelle de son approche avec effroi, et s'empressait-on de hâter son départ en lui indiquant au loin des pays plus riches.

Au printemps de l'année suivante, Soto se décida à descendre le Washita jusqu'à son confluent, pour se rapprocher de la mer. En avançant, il se trouva bientôt perdu dans les marécages le long de la rivière Rouge. Près du Mississipi, il rencontra le Nilco, pays bien peuplé. La rivière était là plus large que le Guadalquivir à Séville. Il finit par arriver à l'endroit où le Washita, déjà grossi des eaux de la rivière Rouge, se jette dans le Mississipi. Le pays s'appelait Guachoya. Soto s'informa avec soin de la distance qui le séparait encore de la mer : le chef de Guachoya ne put répondre à cette question. — Y avait-il au moins des établissements le long du fleuve jusqu'à son embouchure? — Non, lui répondit-on; le pays arrosé par le bas du fleuve n'était qu'une terre déserte. Soto ne voulut pas ajouter foi à ces rapports décourageants;

il envoya un de ses officiers avec huit cavaliers pour descendre le Mississipi et pour en reconnaître les rives. Ils voyagèrent pendant huit jours sans pouvoir faire plus de trente milles, tant leur marche était entravée par les joncs, les marais, les bois épais. Le gouverneur apprit ces nouvelles avec anxiété. Il voyait ses hommes et ses chevaux tomber mourants autour de lui, si bien que les naturels commençaient à devenir des ennemis dangereux. Il essaya d'intimider une tribu d'Indiens Natchez en se targuant de sa naissance surnaturelle et leur demandant à ce titre des tributs et leur soumission. « Vous dites, lui répliqua le chef froidement, que vous êtes un enfant du soleil; desséchez cette rivière, et je veux bien vous croire. Désirez-vous me voir? Venez visiter la ville où je demeure : si vous voulez la paix, je vous prépare bon accueil; si vous voulez la guerre, je ne reculerai pas d'une semelle. » Mais Soto n'était déjà plus en état de réprimer la confiance ou de punir l'insolence des indigènes. Son orgueil autrefois intraitable s'était transformé, à force de revers, en une sombre mélancolie, et sa santé s'altérait rapidement et profondément dans ce conflit d'émotions douloureuses. Bientôt il fut atteint d'une fièvre maligne, sans conseil, sans remède, sans secours. Sentant approcher sa fin, il eut une dernière et solennelle entrevue avec ses fidèles compagnons, et là, cédant à leurs désirs, il se choisit un successeur. Le lendemain il était mort.

Ainsi disparut Ferdinand de Soto, gouverneur de Cuba, l'heureux associé de Pizarre. L'éclat de sa première fortune ne fit qu'ajouter à l'horreur de sa fin. Ses soldats firent son éloge par les larmes qu'ils versèrent à ses funérailles, et les prêtres chantèrent sur ses restes les premiers psaumes funèbres qui aient retenti sur les eaux du Mississipi. Pour cacher son cadavre, on l'enveloppa d'un manteau, et, dans l'ombre de la nuit, on le laissa glisser en silence au milieu du courant.

L'expédition, désormais privée de l'énergie et de l'orgueil de son chef, résolut de regagner la *Nouvelle-Espagne* sans plus attendre. Mais allaient-ils s'embarquer dans de misérables bateaux comme ceux qu'ils pouvaient alors construire, et descendre le fleuve, ou bien ne feraient-ils pas mieux de chercher à travers les forêts un passage qui pût les conduire à Mexico? Ils furent d'opinion unanime que la terre leur offrait moins de dangers. Ils n'avaient pas non plus entièrement renoncé à l'espérance de découvrir quelque pays opulent, quelque riche cité, et d'oublier toutes leurs fatigues dans les jouissances que la victoire pouvait leur promettre. Ils s'engagèrent donc de nouveau dans le désert, du côté de l'occident. Au mois de juillet, ils se trouvèrent dans le pays des Natchitoches, mais la rivière Rouge avait tellement grossi qu'il ne fallait pas songer à la traverser. Ils furent bientôt égarés.. Les guides indiens leur faisaient faire fausse route; « ils allaient à tort et à travers dans de grands bois » sans avancer d'un pas. Le désert où ils erraient était stérile : ils venaient d'atteindre les grandes prairies *des Buffles*, à l'ouest, le théâtre des chasses des Pawnees et des Comanches, tribus nomades, limitrophes du Mexique. Les Espagnols se croyaient au moins à cent cinquante lieues à l'ouest du Mississipi, et cependant, si désespérée que pût paraître cette résolution, ils se décidèrent à retourner sur ses bords et à s'abandonner à son courant jusqu'à la mer. Il y avait pourtant encore parmi eux des hommes dont le courage et l'espérance survivaient à leurs désastres, et qui trouvaient plus honorable de mourir dans le désert que de revenir pauvres dans leur patrie; mais Moscoso, leur nouveau gouverneur, « souhaitait depuis longtemps de se voir en un lieu où il pût dormir une bonne fois. »

Ils parvinrent à trouver le Mississipi à Minoya, quelques lieues au-dessus du confluent de la rivière Rouge, obligés souvent de traverser à gué des eaux profondes, et trop heureux lorsque le soir ils pouvaient rencontrer un endroit propice pour s'y reposer la nuit. Les Indiens dont ils avaient fait leurs esclaves mouraient en grand nombre. A

Minoya, ils perdirent aussi beaucoup des leurs, et la plupart d'entre eux furent atteints d'une épidémie dangereuse.

Cependant ils n'étaient pas au terme de leurs peines : ce n'était pas chose aisée pour des hommes dans leur situation de construire des brigantins. Il leur fallut établir une forge et fabriquer des clous avec les chaînes de leurs esclaves, ainsi qu'avec tous les autres morceaux de fer qu'ils trouvèrent dans leur camp. Ils débitèrent les planches de chêne à la main avec une grande scie qui ne les avait pas quittés dans toutes leurs courses. Ils étoupèrent leurs barques avec une herbe sauvage en guise de filasse ; ils firent, non sans difficulté, des barils capables de tenir l'eau. Pour leur approvisionnement de vivres, ils tuèrent tous leurs porcs et même tous leurs chevaux, dont ils firent sécher la chair pour la conserver. Enfin, ils dépouillèrent les Indiens du voisinage de tous leurs aliments, si bien que ces misérables venaient errer comme des mendiants autour des Espagnols pour en obtenir quelques grains de leur propre maïs, et souvent mouraient là d'épuisement et de faim. Grâce à une crue du Mississipi, les chrétiens purent lancer leurs sept brigantins; ce n'étaient que de frêles barques, sans pont, et comme, pour ménager le fer, on n'avait fabriqué que des clous assez courts, les planches étaient aussi tellement minces que le moindre choc les aurait mises en pièces. C'est dans cet équipage que les fugitifs atteignirent en dix-sept jours le golfe du Mexique : ils estimèrent la distance à deux cent cinquante lieues, et en réalité elle n'était pas de moins de cinq cents milles. Ce sont eux qui ont observé les premiers qu'à une certaine distance de l'embouchure du Mississipi la mer n'est point salée, tant est grand le volume d'eau douce que ce fleuve décharge dans l'Océan. Ils longèrent les côtes, et après cinquante jours au moins de navigation, trois cent onze hommes, qui restaient de l'expédition, finirent par entrer dans la rivière Panuco, leur port de salut.

Telle est l'histoire de la première visite des Européens au Mississipi. L'honneur de la découverte appartient, sans contredit, aux Espagnols. Après eux, il ne manqua pas d'aventuriers qui demandèrent à faire de nouvelles tentatives pour s'emparer du pays par la force des armes, mais leur offre fut refusée. Le zèle religieux, plus persévérant, obtint, dans la personne de *Louis Cancello*, missionnaire dominicain, une permission de Philippe, héritier présomptif de la couronne, pour essayer en Floride la conversion pacifique des naturels. La foi chrétienne vint à son tour tenter une conquête qui avait résisté à tant d'expéditions armées. Les gouverneurs espagnols reçurent des instructions pour favoriser cette entreprise. Tous les esclaves qu'on avait faits au nord du golfe du Mexique furent mis en liberté et ramenés dans leur pays. On équipa un vaisseau avec une grande solennité; mais, dès leur première entrevue avec les naturels, les prêtres espagnols, considérés par eux comme des ennemis, furent attaqués aussitôt; Louis Cancello et deux autres de ses compagnons périrent martyrs de leur zèle.

Il semblait que la mort gardât les portes de la Floride : elle fut abandonnée. Pendant que les Castillans étaient victorieux partout ailleurs, leur sang avait rougi le sol de ce pays sans leur en assurer la conquête, quoique leurs prétentions comprissent, sous le nom de Floride, la possession de toute la côte maritime jusqu'à Terre-Neuve, et même les terres les plus reculées vers le nord. Dans les idées géographiques des Espagnols, le Canada faisait partie de la Floride. Cependant, sur cette vaste étendue, pas un fort espagnol n'était debout, pas un port n'était occupé par eux, pas un établissement n'était ébauché. La première tentative sérieuse qu'ils firent pour y fonder un poste permanent fut le résultat des guerres religieuses.

CHAPITRE V.

Lutte sanglante des *Français* et des *Espagnols* en Floride. — *Jean Ribault*, sous le patronage de *Coligny*, conduit une colonie protestante en *Floride* (1562). — Le fort *Charles* et la *Caroline*. — Troubles et mutineries dans la colonie. — Elle est abandonnée (1563). — Nouveaux efforts de *Coligny* pour coloniser la Floride. — Il y envoie *Laudonnière* (1564). — Établissement sur les bords de la rivière *Mai*. — Actes de piraterie des colons. — *Melendez de Avilès* va conquérir la Floride au nom du roi d'Espagne (1565). — Sa réponse aux Français qu'il rencontre en mer. — Il attaque la colonie. — Horrible massacre des Français. — *De Courgues*, gentilhomme gascon, fait une expédition à ses frais pour venger l'honneur de la France (1567). — Furieuses représailles contre la colonie espagnole.

La France avait commencé par envoyer dans ces contrées une colonie de protestants. Le calvinisme qui, avec la coopération spéciale de Calvin lui-même, avait, bien peu de temps, occupé les côtes du Brésil et le port de Rio-Janeiro, allait maintenant se transplanter en Floride. Coligny avait longtemps nourri la pensée de ménager au delà des mers un refuge aux huguenots, et de fonder en Amérique une France protestante. Trompé dans ses premiers efforts par l'infidélité de son agent, Villegagnon, il n'en persista pas moins dans ses desseins, sous la double inspiration de sa foi religieuse et de sa passion pour l'honneur de sa patrie. L'expédition dont il conçut le nouveau plan fut confiée à Jean Ribault de Dieppe, homme de cœur, marin habile, protestant zélé, qui réunit sous sa conduite quelques jeunes gentilshommes des meilleures maisons de France et une troupe de vieux soldats. Charles IX leur ayant accordé une commission avec des pouvoirs très-étendus, l'escadre mit à la voile pour les rivages de l'Amérique du nord. Comme ils voulaient s'établir sous un climat agréable, ils commencèrent par prendre terre à la latitude de Saint-Augustin, découvrirent la belle rivière à laquelle on donne aujourd'hui le nom de Saint-Jean, et l'appelèrent la rivière de *Mai*. C'est le *Saint-Matthieu* des Espagnols. Ils admirèrent en débarquant des forêts de mûriers dont ils prirent les chenilles pour des vers à soie. Le Cap reçut un nom français, et, à mesure que leurs vaisseaux côtoyaient le pays, les nombreuses rivières qu'ils rencontraient prenaient celui des rivières et des fleuves de leur patrie. L'Amérique, un moment transformée, eut aussi sa Loire, sa Seine et sa Garonne. L'entrée de Port-Royal leur parut l'embouchure de quelque fleuve magnifique. Les plus grands bâtiments de France et les plus beaux vaisseaux de commerce de Venise pouvaient manœuvrer à l'aise dans ses eaux profondes. Il est d'ailleurs si facile de se méprendre sur les commodités que semble présenter un premier établissement! le temps seul peut révéler les circonstances propres à favoriser le développement d'une grande ville. C'est probablement dans l'île de Lemon que les protestants français élevèrent avec orgueil un monument en pierre, sculpté aux armes de France, et en jetant les yeux autour d'eux sur ces vieux chênes, sur ces multitudes d'oiseaux sauvages, sur ces massifs de pins, sur ces fleurs dont l'air était parfumé, ils croyaient trouver là une province de leur terre natale. Ribault résolut d'y laisser une colonie : elle se composait de vingt-six hommes, destinés à prendre possession du continent. Le fort Charles et la Caroline, ainsi nommés en l'honneur de Charles IX, furent les premiers noms du pays, environ cent ans avant qu'il tombât aux mains des Anglais, et ils ont survécu à la ruine de cette colonie primitive.

Ribault revint en France sain et sauf avec ses vaisseaux; mais la guerre civile avait mis en feu toutes les provinces du royaume, et il lui fut impossible de se procurer les renforts promis à la Caroline. La situation des Français y devint précaire. Les naturels étaient dans des dispositions amicales, mais l'insubordination se mit parmi les soldats eux-mêmes, et des dissensions s'élevèrent. Le commandant réprima avec une cruauté imprudente cet esprit turbulent, et perdit la vie dans une révolte provoquée par son caractère violent. Le nouveau chef parvint à rétablir l'ordre. Mais le regret de la patrie revenait sans cesse au cœur des Français, et la colonie se décida à s'embarquer sur un brigantin qu'ils essayèrent de construire. Enivrés de plaisir à la pensée de retourner chez eux, ils négligèrent les approvisionnements nécessaires et furent en proie sur mer à la famine, avec son cortége de crimes et de malheurs. Une petite barque anglaise finit par les recueillir, et, après avoir déposé les plus malades sur la côte de France, elle emmena les autres à la reine d'Angleterre. Telle fut la triste fin du premier essai tenté par la France en Floride, au midi de la Caroline méridionale. Le pays redevint un désert.

Après la paix menteuse conclue entre Charles IX et les huguenots, Coligny renouvela ses instances pour obtenir de coloniser la Floride. Le roi donna son consentement, et mit trois vaisseaux à sa disposition. Laudonnière qui, dans la première expédition était allé sur la côte d'Amérique, homme d'une grande intelligence, mais marin plutôt que soldat, reçut mission de conduire la colonie. Il se présenta d'abord beaucoup d'émigrants, car le climat de la Floride avait la réputation d'être si favorable que sa bénigne influence y doublait, disait-on, la durée de la vie humaine. Et puis on rêvait encore d'y trouver à l'intérieur de riches mines d'or. Coligny voulut avoir des renseignements exacts sur le pays, et Jean Le Moine, connu sous le nom de de Morgues, peintre de talent, fut engagé pour exécuter des dessins coloriés des objets qui exciteraient le plus sa curiosité. En soixante jours la flotte, passant par les Canaries et les Antilles, parvint aux rivages de la Floride. On évita Port-Royal, qui ne rappelait que de tristes souvenirs, et, après avoir suivi une côte et découvert une plage si attrayantes « qu'il suffisait de les voir pour bannir de son cœur tout chagrin, » les sectateurs de Calvin débarquèrent sur les bords de la rivière Mai. Ils y chantèrent d'abord un cantique d'actions de grâces, et puisèrent du courage dans leurs actes de dévotion. On a souvent raconté les essais tentés par les huguenots pour assurer à la France la domination de ce pays immense : le fanatisme et la vengeance en ont fait une des pages les plus douloureuses de l'histoire de l'Amérique.

Les Français reçurent des indigènes une hospitalité bienveillante. Un monument, portant les armes de la France, fut couronné de lauriers et entouré à sa base de paniers remplis de blé. Les dissensions des tribus rivales avaient leur part dans ces dons offerts aux étrangers pour obtenir leur protection ou leur alliance : l'imprévoyante prodigalité avec laquelle les nouveaux venus gaspillèrent les aliments qui leur étaient fournis, l'approche inévitable de la disette, les tributs et les taxes imposés aux Indiens, d'abord d'un ton suppliant, puis par la menace ou par la force, dissipèrent par degrés la confiance des naturels. Ils avaient salué la bienvenue d'un peuple qu'ils regardaient comme des hôtes puissants et bienfaisants; ce n'étaient plus que des brigands qui venaient piller jusqu'à leurs modestes provisions de grain.

Le plus grand fléau de la nouvelle colonie venait du caractère même des émigrants. Quoique le patriotisme et l'enthousiasme religieux eussent inspiré cette expédition, la classe inférieure des colons n'était qu'un ramas d'hommes sans principes. Les mutineries y étaient communes. Ils étaient aveuglés par leur désir de faire une *fortune rapide*: et plusieurs d'entre eux, sous prétexte d'échapper à la famine, s'unirent pour faire signer à Laudonnière la permission de leur embarquement pour la Nouvelle-Espagne. Ils ne furent pas plutôt munis de cette sanction officielle qu'ils équipèrent deux vaisseaux et se livrèrent à la piraterie contre les Espagnols. C'est ainsi que les Français prirent le caractère d'agresseurs dans cette première scène d'hostilité : ils ne tardèrent pas à expier leur témérité. Le vaisseau pirate fut pris, un grand nombre de ceux qui le montaient furent faits prisonniers ou esclaves. Les autres, en petit nombre, s'échappèrent dans un bateau : ils ne purent trouver de refuge qu'au fort Caroline, où Laudonnière fit mettre les principaux à mort.

Cependant la disette devint extrême et la bienveillance des naturels avait été complétement découragée. Mars s'était passé sans qu'on reçût de France les secours promis. Avril passe à son tour, et rien n'arrive. Enfin mai s'écoule sans apporter aucune consolation aux exilés. Ils prennent alors la résolution de retourner en Europe sur les misérables brigantins qu'ils essayent de construire dans leur désespoir. C'était le moment où sir John Hawkins, le marchand d'esclaves, arrivait des Indes occidentales. Il venait de vendre une cargaison d'Africains qu'il avait enlevés par surprise et avec une impitoyable barbarie. Le même homme, pris à l'instant de la plus généreuse sympathie pour les colons français, leur fournit une ample provision de subsistances et leur laisse un vaisseau de sa propre flotte. On continue les préparatifs et la colonie se dispose à s'embarquer, lorsqu'on signale une voile en mer. C'était Ribault qui venait prendre le commandement, muni d'approvisionnements de tout genre. Il avait avec lui des émigrants et leurs familles, des semences d'herbes potagères, des instruments d'agriculture et une collection variée des diverses espèces d'animaux domestiques. Les Français ravis croyaient avoir retrouvé une patrie, et on pouvait regarder le calvinisme comme fixé dans les régions de la Floride.

Mais l'Espagne n'avait jamais abandonné ses prétentions sur la propriété de ce territoire. Si elle n'y avait point établi de colonies, elle y avait inhumé un grand nombre de ses plus intrépides enfants. Leurs tombeaux valaient titre. L'orgueilleux Philippe II pouvait-il abandonner un de ses domaines à la France? Souffrirait-il que le monopole de son commerce fût mis en péril par un établissement rival dans le voisinage des Indes occidentales? Le roi très-catholique laisserait-il l'hérésie de Calvin arborer sa foi à la porte de ses provinces restées fidèles?

La cour d'Espagne comptait parmi ses plus hardis capitaines un homme que son caractère préparait aux actes de l'hostilité la plus impitoyable. Pedro Melendez de Avilès s'était, dans sa longue carrière de soldat, accoutumé aux scènes de sang et de carnage, et sa férocité naturelle s'était encore affermie par la pratique d'une vie rude et sombre. Souvent, comme officier de marine, quand il avait rencontré des pirates, il s'était endurci aux actes de la vengeance la plus prompte et la plus rigoureuse. Il avait fait fortune dans l'Amérique espagnole : sa conduite avait même, dans ce pays, provoqué une enquête qui, après de longs délais, finit par une condamnation. La nature de ses torts n'est pas bien claire, mais il faut croire que la sentence était méritée, car elle fut confirmée par le roi, qui pourtant connaissait bien Pedro Melendez, estimait sa bravoure, et le reprit à son service, en lui remettant la moitié de l'amende prononcée contre lui. Le fils de Melendez avait disparu dans un naufrage aux Bermudes. Le père voulait retourner de ce côté et faire des recherches dans ces îles pour tâcher d'y recueillir des nouvelles de son unique enfant. Philippe II lui suggéra l'idée de conquérir et de coloniser la Floride. Ils signèrent un acte en vertu duquel Melendez, qui ne demandait d'ailleurs qu'une occasion de réhabiliter son honneur, fut reconnu gouverneur héréditaire d'un territoire presque illimité.

Les termes du contrat sont curieux. Melendez, pour sa part, s'engage à faire une descente en Floride au mois de mai suivant avec au moins cinq cents hommes ; à conquérir tout le pays en trois ans ; à en reconnaître les courants, les détroits, les écueils sur les côtes ; à sonder la profondeur des ports ; à établir une colonie de cinq cents personnes au moins, dont cent hommes mariés ; à y mettre au moins douze ecclésiastiques, plus quatre jésuites : le tout à ses frais. Une clause ultérieure stipulait qu'il transporterait dans son gouvernement toute espèce d'animaux domestiques. Philippe II ne montrait point de scrupules en ce qui touche l'esclavage. Melendez promettait d'importer en Floride cinq cents nègres. La canne à sucre devait être la production principale du pays.

Le roi, de son côté, garantissait à l'aventurier diverses immunités de commerce : il lui conférait l'office de gouverneur sa vie durant, avec droit de nommer son gendre pour successeur. Il lui donnait une terre de vingt-cinq lieues carrées dans le voisinage immédiat de la colonie ; un traitement de deux mille ducats, à prendre sur les perceptions de la province, et un quinzième de tous les revenus éventuels de la couronne.

Cependant on apprit en Espagne que les huguenots s'étaient transplantés en Floride, et que Ribault se préparait à mettre à la voile pour leur porter du renfort. Mort aux hérétiques! fut le cri qui répondit à cette nouvelle : un enthousiasme fanatique s'alluma, et Melendez n'eut pas de peine à obtenir toutes les forces qu'il demandait. Plus de deux mille cinq cents personnes, soldats, marins, prêtres, hommes mariés et leurs familles, artisans de tous les états, tous aux frais de Melendez, à l'exception de trois cents soldats, s'enrôlent pour la conquête. Après quelques retards occasionnés par une tempête, l'expédition met à la voile, et les vents alizés la portent rapidement à travers l'Atlantique. Une tempête cependant disperse la flotte : Melendez n'arrive qu'avec un tiers de ses forces au havre de Saint-Jean, à Porto Rico. Mais, comme il comptait sur la célérité de l'exécution pour en assurer le succès, il ne voulut pas attendre l'arrivée du reste de l'escadre, et cingla vers la Floride. Il était toujours entré dans son plan de reconnaître d'abord la côte, d'y choisir un lieu favorable pour un établissement, et d'attaquer les Français, une fois les fortifications construites. Ce fut le jour consacré à la mémoire de l'un des Pères de l'Église les plus vénérés qu'il arriva en vue de la Floride. Pendant quatre jours il longea les côtes, sans savoir où étaient établis les Français. Le cinquième, il prit terre, et demanda aux Indiens des nouvelles des huguenots. En même temps il fit la découverte d'un bon port et d'une belle rivière; et, par honneur pour le saint dont la fête se célèbre le jour où il avait abordé, il donna au port et au fleuve le nom de Saint-Augustin. Puis, se dirigeant vers le nord, il découvrit une partie de la flottille française, observa la nature des parages où elle avait jeté l'ancre, et quand les Français lui demandèrent son nom et ses intentions : « Je suis l'Espagnol Melendez, répliqua-t-il. J'ai l'ordre précis du roi mon maître de pendre et de décapiter les protestants de ce pays. Tout Français catholique n'a rien à craindre, tout hérétique mourra : *El que fuere herege morirá.* »

La flotte française, qui n'était pas prête à une action, coupa ses câbles. Les Espagnols pendant quelque temps lui donnèrent la chasse sans succès. La veille au soir de la fête de la Nativité de la Vierge, à l'heure des vêpres, les Espagnols rentrèrent dans le port de Saint-Augustin. Le lendemain, à midi, le gouverneur débarqua pour prendre possession du continent au nom de son roi. Philippe II fut proclamé souverain de toute l'Amérique septentrionale. On célébra la messe solennelle en l'honneur de Notre-Dame, et l'on procéda immédiatement à la fondation de Saint-Augustin. C'est la plus ancienne ville des États-Unis. On y voit encore debout des maisons bâties, dit-on, plusieurs années avant la colonisation de la Virginie.

Les Français, en attendant, délibéraient s'ils mettraient leurs fortifications en mesure de résister, et s'ils attendraient l'approche des Espagnols, ou s'ils iraient en mer attaquer leur ennemi. Malgré l'avis de ses officiers, Ribault persista dans la dernière opinion. A peine eut-il quitté le port qu'il s'éleva sur mer une tempête affreuse qui dura jusqu'en octobre, et fit échouer sur la côte de Floride tous les vaisseaux de la flotte française. Les bâtiments furent brisés contre les rochers à peu près à cinquante lieues au sud du fort Caroline : un grand nombre des hommes qui les montaient s'échappèrent vivants du naufrage.

Les vaisseaux espagnols souffrirent aussi de la tempête, mais leur perte fut moins grave, et les troupes de Saint-Augustin n'eurent point à souffrir. Melendez savait que l'établissement français était resté sans défense. Comptant pour rien la fatigue d'une marche par terre, il mena ses hommes à travers les lacs, les marais et les bois qui séparaient Saint-Augustin de Saint-Jean, et surprit, par un assaut furieux, la garnison française, qui n'attendait de danger que du côté de la mer. Après une courte résistanee, les Espagnols se rendirent maîtres du fort. Soldats, femmes, enfants, vieillards, malades, tous furent massacrés sans distinction. L'historien espagnol assure que Melendez donna l'ordre d'épargner les femmes et les petits enfants, mais seulement quand la rage des meurtriers était déjà rassasiée. Deux cents personnes environ furent passées au fil de l'épée. Les autres, en petit nombre, s'échappèrent dans les bois, parmi lesquels Laudonnière, Challus et Le Moine, qui ont fait le récit de ces scènes d'horreur.

Mais où fuir ? Dans les forêts ? ils n'y trouveraient également que la mort, car le ciel, la terre, la mer semblaient conspirer contre eux avec les hommes. Ou bien se rendront-ils et en appelleront-ils à la pitié de leurs vainqueurs ? « Allons, dit Challus, il vaut mieux mettre notre confiance en Dieu qu'en ces barbares. » Quelques-uns se rendirent pourtant, et furent immédiatement mis à mort. Les autres, après les plus horribles souffrances, finirent par arriver à la côte, où ils furent recueillis à bord par deux vaisseaux français qui étaient restés à l'ancre dans le port. Les Espagnols, pour se venger de leur fuite, insultèrent aux cadavres de leurs victimes avec une cruauté sauvage. La victoire avait été remportée le jour de la fête de Saint-Matthieu. Les Espagnols donnèrent le nom de ce saint à la rivière Mai; puis, le carnage terminé, ils dirent une messe, dressèrent une croix, et choisirent l'emplacement d'une église.

Les Français naufragés furent bientôt découverts à leur tour. Ils étaient épuisés par les fatigues de la tempête, exténués par la faim, sans eau, sans pain. Melendez les invita à compter sur sa pitié. Ils capitulent donc, et les Espagnols leur font passer successivement la rivière par petites divisions. A mesure qu'ils débarquaient, on leur liait les mains derrière le dos, et on les faisait marcher vers Saint-Augustin comme un troupeau de moutons que le boucher mène à l'abattoir. Quand ils approchèrent du fort, le signal fut donné, et, au son des tambours et des trompettes, les Espagnols tombent sur ces malheureux hors d'état de faire aucune résistance. Quelques-uns d'entre eux étaient catholiques, ils furent épargnés; quelques artisans furent réservés pour l'esclavage, les autres furent massacrés, « non comme Français, mais comme hérétiques. » Le nombre des victimes, selon les Français, tant à Saint-Augustin que dans le fort, se montait à neuf cents ou à peu près. Les mémoires espagnols diminuent le nombre des morts, mais non l'atrocité du massacre. Melendez retourna en Espagne, plus pauvre, mais triomphant. Le gouvernement français se montra insensible à l'outrage qu'il avait reçu dans les siens, et ne fit pas même une remontrance au sujet de la ruine d'une colonie qui, à l'ombre de sa protection, lui eût peut-être donné dans le nouveau continent un empire florissant avant que l'Angleterre y possédât la moindre parcelle de territoire.

Les huguenots et la nation française ne partagèrent pas l'insouciance de la cour. Dominique *de Gourgues*, brave soldat de Gascogne, dont la vie n'avait été qu'une suite d'aventures étranges, tantôt employé dans l'armée française contre l'Espagne, tantôt prisonnier des Espagnols et leur esclave sur les galères, puis pris par les Turcs avec le vaisseau dans lequel il servait la chiourme, et racheté par le commandeur de Malte, se sentait dévoré du désir de venger à la fois ses souffrances passées et la honte de son pays. La vente de ses biens et les secours de ses amis le mirent à même d'équiper trois vaisseaux, sur lesquels il s'embarqua pour la Floride avec cent cinquante hommes, non pour y fonder une colonie, mais seulement pour s'y venger de ses ennemis. Il surprit deux forts près de l'embouchure du Saint-Matthieu, et la consternation des Espagnols lui livra le plus grand de leurs établissements, près des lieux naguère occupés par les Français.

Trop faible pour s'y maintenir, de Gourgues se hâta de retourner en Europe au mois de mai 1568, après avoir pendu ses prisonniers aux branches des arbres, avec cette inscription sur leurs têtes : « Pendus, non comme Espagnols, mais comme pirates, bandoliers et escumeurs de mer. »

L'attaque furieuse du gentilhomme gascon ne fut qu'un orage passager. La France désavoua l'expédition et abandonna toute prétention sur la Floride. L'Espagne y tint comme à une partie de ses domaines. Cuba devint le centre de ses possessions dans les Indes occidentales. Elle étendit sa souveraineté non-seulement aux archipels des tropiques, mais à tout le continent autour des mers intérieures. Depuis le cap le plus reculé au sud-est du pays des Caraïbes jusques à celui de la Floride, et au delà, toute la côte lui appartenait; le golfe du Mexique était absorbé dans son territoire.

———

CHAPITRE VI.

Découvertes et conquêtes des *Anglais* dans les États-Unis. — *Walter Raleigh* songe à rétablir une colonie dans la Floride (1575). — Progrès de la marine anglaise. — Voyage de *Willoughby* dans les mers du nord : sa mort (1553). — Voyage de *Chancellor* à Archangel. — Il découvre les côtes de la Russie (1554). — *Frobisher* va à la recherche d'un passage au nord-ouest de l'Amérique (1576). — Son voyage est sans résultats. — Flotte envoyée par le commerce de Londres à la côte nord de l'Amérique pour en apporter de l'or (1577). — Elle ne rapporte que de la terre. — Nouvelle flotte équipée par Élisabeth dans le même but (1578). — Même résultat. — *Francis Drake* visite les côtes de l'Orégon (1577-1580). — Première expédition de sir *Humphrey Gilbert*, beau-frère de *Raleigh*, pour coloniser l'Amérique du nord (1579). — Elle s'arrête en route. — Deuxième expédition (1583). — Son mauvais succès. — Mort de Gilbert.

Le désastre de la colonie française, massacrée par les Espagnols en Floride, devint pour les Anglais l'occasion d'une entreprise plus heureuse. Au moment où de Gourgues rentrait en France, Walter Raleigh, jeune bachelier de l'université d'Oxford, venait de quitter brusquement ses études pour passer sur le continent, prendre part aux guerres religieuses entre les huguenots et les catholiques, et faire, dans la compagnie du prince de Navarre (depuis Henri IV), ses premières armes sous le vieux Coligny. Le parti protestant était alors furieux du massacre que de Gourgues venait de venger. Quelques malheureux qui avaient échappé à la première expédition, et que l'on avait amenés à Élisabeth, avaient en même temps allumé dans les cœurs le désir de conquérir ce pays : Hawkins l'encourageait par ses récits, et le peintre de Morgues le rendait encore plus populaire en publiant, sous le patronage de Raleigh, les esquisses qu'il avait dessinées sur les lieux.

Depuis le second voyage de Cabot, le commerce anglais n'avait jamais abandonné complétement ses vues de colonisation dans le nouveau monde, mais ses diverses tentatives n'avaient pas eu de résultats sérieux. Cependant elles suffirent pour exciter la jalousie des Espagnols, qui commencèrent à craindre sur mer la rivalité de l'Angleterre. Henri VIII réprima avec vigueur la piraterie qui menaçait les intérêts de sa marine. La bannière de saint George se déploya souvent dans les ports d'Afrique et du Levant, et, quand le commerce, jusque-là resserré dans les mers intérieures, se créa sur l'Océan une route plus vaste, l'Angleterre entra dans la voie d'une concurrence à laquelle sa position naturelle la conviait si puissamment. Quelques documents ne laissent aucun doute sur les expéditions répétées qui conduisirent les Anglais sur les côtes de l'Amérique septentrionale. En 1541, par exemple, les *Statute-books* d'Angleterre prouvent que « la nouvelle terre » d'Amérique avait attiré l'attention du parlement, et Édouard VI, en montant sur le trône, protégea par un acte spécial les pêcheries de Terre-Neuve.

L'*Inde* était toujours le pays par excellence dans l'estime du monde par l'immensité présumée de ses richesses, et l'Amérique n'était, aux yeux des navigateurs, qu'un chemin plus court pour y pénétrer. C'est dans ce but que trois fois déjà Cabot avait tenté le passage qui devait le mener à l'Asie méridionale, et, lorsqu'en 1553 la flotte de Willoughby et de Chancellor mit à la voile, c'était encore pour atteindre le riche royaume du Cathay, en doublant le promontoire septentrional de la Laponie. Ils ne marchèrent pas de conserve : leurs vaisseaux se séparèrent, et le sort de Willoughby fut aussi tragique que celui de Chancellor fut heureux. Le premier se vit contraint par la rigueur d'un automne polaire d'aller chercher un abri dans un port de Laponie : il y trouva en effet un refuge contre les tempêtes, mais non contre l'inclémence de la saison. Lorsqu'au printemps suivant on alla à sa recherche, on le trouva mort dans sa cabine : un journal, contenant les détails de ses souffrances pendant l'hiver, était à ses côtés, et sans doute il ne l'avait interrompu qu'au moment où le froid avait glacé son sang dans ses veines. Ses compagnons morts comme lui étaient étendus, seuls ou par groupes, dans diverses parties du vaisseau.

Chancellor au contraire gagna le port d'Archangel et fit la découverte de.... la Russie. Ce fut alors que commença le commerce maritime avec cet empire. Un écrivain espagnol en rendant compte de cet événement l'appelle « la découverte des nouvelles Indes. » C'était environ onze ans après la fondation assurée de la première ville du territoire des États-Unis. Aussi l'historien de l'Amérique, Bancroft, s'écrie avec un orgueil légitime : « Avec quelle rapidité s'opère ce changement à vue sur le théâtre des nations! des deux puissances principales de ce siècle, l'une ne se révèle à l'Europe occidentale qu'il y a deux siècles et demi peut-être, et l'autre n'avait alors pas un seul blanc pour habitant. »

A partir de ce moment, la marine anglaise s'accroît par un progrès soutenu et se répand sur toutes les mers. Élisabeth anime ses chantiers, remplit ses arsenaux, couvre de sa protection les vaisseaux qui sortent de son empire, les uns pour la Russie, les autres pour l'Afrique. Les corsaires anglais, parcourant les côtes de l'Amérique, poursuivent jusque dans leurs ports les riches galions d'Espagne.

En 1576, un des marins les plus hardis de l'Angleterre, Martin Frobisher, toujours sous l'influence de l'opinion soutenue jadis par Cabot qu'il existait un passage au nord-ouest, et convaincu que « c'était la seule chose au monde qui restât à faire pour assurer la réputation et la fortune d'un noble esprit, » mais trop pauvre pour se procurer lui-même un vaisseau, après avoir vainement sollicité la bourse de ses amis, finit par trouver dans Dudley, comte de Warwick, un protecteur libéral qui voulut bien se prêter à ses desseins. Deux petites barques de vingt ou vingt-cinq tonneaux, avec un canot de dix à peine, composèrent toute la flotte destinée à pénétrer dans des golfes que Cabot seul avait visités. Quand ils descendirent la Tamise, la reine Élisabeth était sur le rivage, agitant sa main en signe d'encouragement, quoiqu'elle n'eût pas contribué d'un schelling à leur entreprise. Un orage en mer engloutit le canot; les marins qui montaient *le Saint-Michel* furent saisis de frayeur et tournèrent leur proue vers l'Angleterre. Frobisher, dans un bâtiment dont le tonnage ne surpassait guère celui d'une barque de vaisseau de guerre, poursuivit seul sa route jusqu'aux rivages du Labrador, et jusqu'à un passage au nord de la baie d'Hudson. En traversant un groupe d'îles au 63e degré de latitude, il se crut dans un détroit dont la gauche était l'Amérique, la droite l'Asie, et qui débouchait dans la mer Pacifique. Cette illusion ne fut pas de longue durée. Il débarqua dans une île, y ramassa quelques pierres, en témoignage de la possession qu'il avait prise du pays au nom d'Élisabeth, enleva un indigène pour le montrer aux yeux étonnés de l'Europe, et ce fut là tout le fruit de cette expédition.

Les pierres recueillies par Frobisher furent examinées avec d'autant plus d'intérêt que, dans l'opinion du temps, Amérique et mines d'or étaient presque synonymes. En effet, dans l'une d'elles, analysée par les raffineurs de Londres, on reconnut de l'or. Grande rumeur dans la Cité : grand concours de marchands près d'Élisabeth pour obtenir à prix d'argent l'exploitation des terres nouvelles, si riches en métal précieux. Une flotte bien équipée cette fois met à la voile; elle était pleine de volontaires qui voulaient avoir leur part de l'Eldorado du pôle. Un bon vent les porte aux Orcades. Une fois sur la côte nord-est de l'Amérique, ils se trouvent entourés de montagnes de glace, toujours entre la vie et la mort. Enfin ils échappent, et, sans aller aussi loin que Frobisher, ils ramassent des mottes de terre dans lesquelles les plus incrédules ne peuvent contester l'existence de l'or. D'ailleurs, « on y trouvait, dit un chroniqueur, un grand nombre d'araignées, et les araignées, comme on sait, annoncent le voisinage de l'or. » Malgré tant de signes non équivoques, ce voyage au détroit d'Hudson pour charger une flotte de terre inutile est resté dans l'histoire comme un des traits les plus signalés de la folie humaine.

Ce ne fut pas le dernier. La cupidité n'est pas si prompte à se décourager. Élisabeth, toujours entretenue dans l'espérance de voir s'ouvrir un chemin vers le Cathay, et voulant pourvoir à la sécurité des terres nouvellement découvertes, choisit pour les habiter des soldats et des hommes d'élite. Elle assemble, en partie à ses frais, une flotte de quinze voiles. Des fils de famille s'embarquent comme volontaires : cent colons sont chargés d'aller assurer à l'Angleterre la possession de ces contrées plus désirables pour elle que le Pérou. Il est vrai qu'on ne trouve pas même d'arbres sur ce sol inhospitalier, mais ce sol inhospitalier est d'or; il ne renferme pas ce métal en maigres filons dans les mines, mais en morceaux brillants à sa surface. Les ordres sont donnés pour que douze vaisseaux de la flotte reviennent immédiatement chargés de ce riche métal : les trois autres seulement resteront pour aider à l'établissement de la colonie. Quant au passage cherché, il n'était plus que d'un médiocre intérêt, maintenant que les richesses de l'Asie elle-même pâlissaient devant les trésors de cet archipel glacial.

L'expédition de 1578 ne fut pas plus heureuse dans ses résultats que celle de 1576. Elle se trouva d'abord avec épouvante au milieu de montagnes de glace si vastes qu'en se fondant « elles faisaient jaillir leurs torrents en cascades étincelantes : » un vaisseau fut écrasé dans leur chute et sombra; l'équipage cependant avait pu se sauver. Les brouillards dispersèrent et égarèrent les navires; le découragement entra dans les cœurs. Un vaisseau, chargé de provisions pour la colonie future, rebroussa chemin, et d'ailleurs, comme on eut la bonne fortune de découvrir une île où il y avait assez de minerai pour satisfaire l'appétit de tous les avares les plus affamés d'or « *the Goldgluttons of the world*, » on eut bientôt abandonné tout projet d'établissement. Il valait bien mieux tout simplement charger d'or les vaisseaux. La flotte revint après une expédition stérile. L'histoire ne dit même pas ce que l'on fit de la cargaison. On n'y gagna que d'être désabusé de l'Eldorado du pays des Esquimaux.

A la même époque (1577-1580) où Frobisher parcourait les côtes nord-est de l'Amérique, le nord-ouest du territoire des États-Unis était exploré par un autre Anglais, Francis Drake. C'était un flibustier fameux qui avait acquis dans les ports espagnols de la mer Pacifique une fortune immense à rançonner les villes et piller les vaisseaux.

Il aurait pu y trouver une mort honteuse, comme un de ses officiers, Oxenham, qui fut pris par les Espagnols et pendu, sans que personne, même en Angleterre, songeât à le plaindre; mais Drake fut plus heureux, il s'enrichit dans son métier de corsaire, et se fit un nom honorable par son voyage de circumnavigation. Il avait conçu l'espérance de découvrir au nord-ouest de l'Amérique la communication supposée entre les deux océans. C'est dans cette vue qu'il passa la Ligne, remonta la péninsule de Californie, suivit la côte continentale jusqu'à quarante-trois degrés de latitude, à la hauteur du New-Hampshire. Mais là, le froid parut insupportable à des hommes qui venaient de naviguer sous les tropiques.

C'était la première fois qu'une voile anglaise avait parcouru les côtes méridionales de l'Orégon.

Les succès de Drake ne furent guère du reste qu'une piraterie brillante et inutile à la colonisation de l'Amérique. Son exemple accoutuma les marins à abandonner la carrière d'une navigation honnête et sérieuse pour un brigandage aventureux. Les pêcheurs modestes qui fréquentaient depuis quelque temps Terre-Neuve rendaient des services plus solides, et préparaient une marine estimable dont l'Angleterre ne tarda pas à tirer les plus utiles secours. Moins nombreux que les autres nations dans ces parages, ils commençaient cependant à « être déjà communément les maîtres dans les ports, » et leur prévoyance déposait à terre, près des pêcheries qu'ils fréquentaient, des porcs et du gros bétail pour le besoin des colonies futures.

Sir Humphrey Gilbert, mieux inspiré que la reine et ces aventuriers qui s'étaient laissé éblouir par la fausse espérance des mines d'or de l'Amérique, forma le projet plus sensé d'établir à demeure un peuple de pêcheurs le long des côtes. Il avait été militaire et membre du parlement : c'était un homme versé dans la science de la navigation, intrépide, pieux, persévérant. Il ne lui manqua que d'être heureux. Il avait obtenu sans peine de la reine une autorité absolue sur le nouvel État qu'il voulait fonder; mais quand il s'agit de passer à l'exécution, il eut le malheur de se faire battre par une flotte espagnole, perdit un vaisseau dans le combat, et ramena à grand'peine sa petite troupe d'émigrants. On croit que Walter Raleigh, son beau-frère, l'accompagnait dans cette expédition. Du moins l'élève de Coligny, dont l'âme prenait un singulier plaisir aux entreprises hasardeuses, pressa Gilbert de ne point céder à ce mauvais succès, et, quatre ans après (1583), une nouvelle escadre, équipée par leurs soins, mettait à la voile sous les auspices les plus encourageants. La veille de son départ, le commandant reçut d'Élisabeth, comme un gage de sympathie, *une ancre d'or tenue par une dame*. Un écrivain hongrois accompagnait l'expédition pour en faire l'histoire.

Cette histoire fut lamentable. Gilbert avait à peine quitté Plymouth quand le plus beau vaisseau de la flotte, celui qu'avait donné Raleigh, rentra au port, prétextant une maladie contagieuse à bord. Gilbert continua de cingler vers Terre-Neuve; il y débarqua à Saint-John, et, en présence des Espagnols, des Portugais et des autres étrangers qui s'y trouvaient, il accomplit les cérémonies d'usage pour assurer à sa souveraine la possession du pays. Il éleva un pilier portant les armes d'Angleterre, et concéda aux pêcheurs là présents quelques terres, moyennant des redevances annuelles. Un brave et honnête Saxon, le *minéraliste* de l'expédition, ne perdit pas son temps; il découvrit sur-le-champ des montagnes riches en mines d'argent, et, comme il était important de garder un tel secret, il fit transporter mystérieusement à bord le précieux minerai sans que les Portugais ni les Espagnols en eussent connaissance. Mais, en passant à la hauteur de Wiscasset, la négligence des matelots fit faire naufrage au vaisseau principal. Il y périt une centaine d'hommes; il fut impossible de sauver ni le minéraliste, ni ses trésors supposés, ni le malheureux Parménius, ce savant hongrois, l'historiographe en espérance de l'expédition. Il n'y avait plus rien à faire que de presser le retour. L'intrépide Gilbert montait *l'Écureuil*, une barque de dix tonneaux, bonne au plus pour longer les côtes et pour entrer dans les ports, mais non pour traverser l'Océan dans cette saison. Cependant il ne voulut pas se séparer de ceux avec lesquels il avait affronté déjà tant de périls et de tempêtes. Le temps était fort rude, et le vieux marin n'avait jamais vu « la mer plus furieuse. » La petite frégate, à peine deux fois aussi grande que le canot d'un vaisseau marchand, était à chaque instant sur le point d'être submergée. Le général, assis à l'arrière, un livre à la main, cria en passant à l'équipage de *la Biche :* « Nous sommes aussi près du ciel sur la mer que sur la terre. » Cette nuit même, vers minuit, les lumières de *l'Écureuil* disparurent tout à coup, et jamais nul ne revit ni le vaisseau, ni l'équipage. *La Biche* atteignit Falmouth saine et sauve.

CHAPITRE VII.

Suite des découvertes et conquêtes des Anglais dans les États-Unis. — *Raleigh* ne se décourage pas. — Il envoie une expédition reconnaître les côtes de l'Amérique du nord sous la conduite d'*Amidas* et *Barlow* (1584). — Détails sur le pays. — Élisabeth lui donne le nom de *Virginie*. — *Raleigh*, représenté par *Ralph Lane*, poursuit ses plans de colonisation (1585). — Description du pays. — Mœurs des habitants. — Massacre des Indiens par Lane. — La colonie se rembarque pour l'Angleterre sur les vaisseaux de Drake. — Petite garnison laissée par *Grenville* à Roanoke. — *Raleigh* tente une nouvelle colonie sous la direction de *John Withe* (1587). — Ils trouvent la garnison de Roanoke massacrée. — Départ du gouverneur pour Londres. — Il revient en 1590 et ne trouve plus trace de la colonie. — Malheurs et disgrâce de Raleigh. — Sa mort. — *Cité Raleigh*. — Expédition de Gosnold dans la *Nouvelle-Angleterre* (1602).

Le cœur de Raleigh résista à de si cruelles épreuves. Seulement il forma le projet de chercher un climat plus doux pour y fonder sa colonie, et jeta les yeux sur les contrées délicieuses d'où l'on avait chassé les protestants français. La patente qu'il obtint d'Élisabeth pour en prendre possession était conçue dans les termes les plus favorables à son ambition. Elle reposait sur le principe du système féodal, comme gouvernement, et comme religion, sur la foi de l'Église anglicane.

Raleigh fut institué seignuer et maître du pays, avec des pouvoirs presque illimités. Il tenait son fief à titre d'hommage et à la charge d'une redevance annuelle peu importante. Sa juridiction s'étendait sur une région considérable dont il avait le droit de concéder les terres selon son bon plaisir.

Quand on apprit qu'il s'agissait d'échanger cette fois les mers de glace et leurs dangers terribles contre les côtes parfumées du sud et un climat dont l'hiver ne pouvait pas même arrêter la fécondité perpétuelle, deux vaisseaux firent bientôt voile pour le nouveau monde. En passant devant les rivages de la Caroline, les Anglais respiraient des vapeurs balsamiques qui « leur faisaient croire qu'ils étaient au milieu de quelque jardin délicieux, embaumé de mille espèces de fleurs odorantes. » Il ne s'agissait plus que de trouver un port propice. Le premier qu'ils rencontrèrent fut choisi pour y débarquer, y rendre grâces à Dieu, et prendre possession du pays au nom de la reine d'Angleterre. L'île de Wocoken fut le théâtre de cette cérémonie.

La saison était favorable. Les côtes du nord de la Caroline, dont l'abord est, à certaines époques de l'année, troublé par des ouragans funestes, ne présentent, au mois de juillet, qu'une mer tranquille et un ciel limpide. Les officiers de l'escadre étaient dans le ravissement à l'aspect de l'Océan dans son repos magnifique, émaillé d'îles et étalant d'un cap à l'autre ses eaux claires et transparentes. Les yeux ne pouvaient se rassasier de voir cette végétation admirable, ces arbres immenses, ces vignes plantureuses qui lançaient leurs gracieux festons jusqu'au sommet des cèdres les plus élevés, et chargeaient de leurs raisins les plus humbles arbrisseaux, présentant leurs grappes humides à la rosée que les vents tranquilles faisaient jaillir doucement des flots sur le rivage. Des berceaux naturels formaient des ombrages impénétrables aux rayons du soleil. Les bois étaient remplis d'oiseaux : la décharge d'une arquebuse en faisait voler des bandes nombreuses qui s'élevaient dans l'air en poussant de tels cris que l'écho, qui en doublait le son, semblait répéter le cri d'alarme d'une armée tout entière.

Ces descriptions gracieuses s'embellissaient encore des mœurs aimables des naturels basanés qui habitaient ce pays. Leur timidité avait cédé au désir de trafiquer avec les étrangers. La femme de Granganimeo, père du roi Wingina, les traita, dans l'île de Roanoke, avec un raffinement de petits soins qui rappelait l'hospitalité tant vantée de l'ancienne Arcadie. « Les gens étaient très-doux, très-aimants, très-fidèles, sans ruse, sans perfidie : ils vivaient à la manière de l'âge d'or. » Tout leur travail se bornait à se protéger contre le froid modéré d'un hiver très-court, et à récolter pour leurs besoins les biens que la terre leur prodiguait presque d'elle-même.

Voici pourtant une ombre au tableau. Ces hommes innocents et vertueux se faisaient une guerre cruelle et sanglante. Leurs dissensions intestines avaient presque exterminé leurs tribus. Ils employaient contre leurs ennemis les plus odieux stratagèmes : ils savaient, aussi bien que des peuples plus civilisés, les inviter à des fêtes pour les massacrer plus à l'aise, endormis dans une imprudente confiance. Ils sollicitèrent même l'appui des Anglais pour les aider dans de semblables entreprises, en leur présentant l'espérance d'un butin considérable.

Le court séjour de cette expédition en Amérique ne permit pas d'en tirer de grands fruits; Amidas et Barlow, qui l'avaient dirigée, se contentèrent d'une reconnaissance générale du nouveau monde; mais, à leur retour en Angleterre, le récit de leur voyage charma la reine Élisabeth, qui ne crut pouvoir mieux honorer son nouveau royaume qu'en lui donnant le nom de *Virginie*, par souvenir du célibat qui lui était cher.

Le plan de colonisation fut dès lors poursuivi avec plus de zèle et d'ensemble. Raleigh, confirmé dans ses premiers honneurs, trouva, dans *Ralph Lane*, un militaire distingué pour le représenter dans ses droits comme gouverneur de la colonie. La flotte, composée de sept vaisseaux, comptait, parmi ses officiers, d'autres hommes de marque, tels que Grenville, son commandant, également renommé pour sa bravoure et l'élégance de son esprit; Cavendish, qui, bientôt après, fit un voyage autour du monde; Hariot, l'inventeur du système d'écriture algébrique, historien de l'expédition, et White, peintre ingénieux dont les esquisses ont reproduit avec exactitude la figure des naturels, leurs mœurs et leurs habitudes. Nul ne contribua plus que lui, par ses publications, à rendre la Virginie populaire.

En abordant à Wocoken, on put reconnaître d'abord que la navigation à travers les écueils de la côte n'offrait pas autant de sécurité qu'on l'avait cru dans la saison paisible de l'été précédent. Le plus grand des bâtiments de la flotte faillit y périr. Cependant on finit par gagner Roanoke, on y débarqua la colonie, et les vaisseaux qui l'avaient amenée retournèrent en Angleterre, et rentrèrent triomphants dans le port de Plymouth, enrichis d'une capture importante, celle d'un bâtiment espagnol; car les vaisseaux de transport de la colonie faisaient en même temps le métier de corsaires.

Cependant Lane et ses compagnons, après le départ de Grenville, se mirent à reconnaître le pays : il faut voir, dans une lettre qu'il écrivit alors, l'expression fraîche et naïve de son enthousiasme : « C'est le meilleur sol qu'il y ait sous la calotte des cieux, la terre la plus plaisante au monde. Le continent est d'une longueur et d'une étendue encore inconnues, avec beaucoup de peuples et de villes, quoique bien sauvages. Le climat est si sain que nous n'avons pas eu un malade depuis notre débarquement. Si la Virginie avait seulement des chevaux et des vaches, avec des Anglais pour habitants, il n'y aurait pas dans toute la chrétienté de royaume qui lui fût comparable. »

Hariot, que l'on employait souvent à traiter avec les naturels, trouva, dans ces relations, une occasion naturelle d'examiner de près les productions du sol, celles qui promettaient des commodités pour le commerce, celles qui étaient estimées des habitants. Il étudia la culture du tabac, s'accoutuma à en faire usage, et crut à ses vertus pour la santé. La culture du maïs et sa fécondité extraordinaire excitèrent particulièrement son admiration; et il éprouva la bonté, comme nourriture, des tubercules de pommes de terre bouillis. Quant aux indigènes, il les représente comme trop faibles pour se faire craindre. Enveloppés seulement de manteaux ou de tabliers de peaux de bêtes, ils n'avaient d'autres armes offensives que des sabres de bois, des arcs de coudrier, des flèches de roseau ; d'autre défense que des boucliers formés d'écorce ou de quelques cannes attachées ensemble avec du fil. Leurs villes étaient petites : la plus grande pouvait contenir trente habitations. Les murs des maisons étaient faits de poteaux couverts aussi d'écorce, ou quelquefois c'étaient des pieux fichés en terre, l'un contre l'autre, courbés et liés par en haut, de manière à figurer assez bien certains berceaux de nos jardins. Mais rien ne leur était plus défavorable que leur défaut d'unité politique. Souvent une ville formait à elle seule un gouvernement : une réunion de dix ou vingt wigwams faisait un État indépendant. Le plus grand potentat de tout le pays ne pouvait guère mettre en ligne plus de sept à huit cents combattants. Chaque gouvernement parlait un dialecte à part. Le pays décrit par Hariot était situé sur la frontière des Algonquins et des tribus des Lenni-Lenape. Il était rare que la guerre se décidât chez eux sur le champ de bataille. Ils avaient plutôt pour habitude de se surprendre tout à coup, au point du jour ou au clair de la lune, dans des embûches où ils déployaient toutes les ressources de la ruse la plus inventive. Ils ne connaissaient point les arts, mais ils montraient, dans tout ce qu'ils entreprenaient, de grandes dispositions naturelles. Ils n'étaient pas non plus tout à fait dépourvus de religion; et, sous le fétiche qu'ils adoraient, il y avait une idée informe d'un Dieu unique et suprême. L'immortalité de l'âme se retrouvait dans leurs croyances instinctives, qui prolongeaient l'existence au delà du tombeau et reconnaissaient une justice distributive. Les instruments de mathématiques, les verres ardents, les armes à feu, les horloges et l'écriture leur paraissaient des inventions plutôt divines qu'humaines, et ils respectaient les Anglais comme les disciples et les favoris du ciel. Chaque fois qu'en entrant dans un village Hariot ouvrait la Bible et en expliquait les vérités, les Indiens révéraient le volume lui-même plutôt que les doctrines qu'il contient, et, dans les transports de leur superstition, ils ouvraient leurs bras, baisaient le livre, le pressaient contre leurs poitrines ou sur leurs fronts, comme on ferait d'une amulette. En voyant que les colons jouissaient d'une bonne santé, et qu'ils n'avaient pas de femmes avec eux, il y avait des Indiens qui s'imaginaient que les Anglais n'étaient pas nés d'une femme, et par suite n'étaient point mortels, que c'étaient des hommes du vieux temps, doués du don d'immortalité. Les armes à feu leur inspiraient une terreur irrésistible. Toutes les maladies qui venaient à les assaillir, ils les attribuaient, depuis l'arrivée des étrangers, à des blessures de boulets invisibles, lancés par des agents inconnus dont ils peuplaient l'air. Ils prédisaient « qu'il allait venir encore bien plus d'Anglais pour les tuer et prendre leur place. » Quelques-uns même croyaient que le plan d'extermination était déjà arrêté, et que l'on en commençait l'exécution.

Ils avaient pu le croire, en voyant la cruauté par laquelle avait débuté Grenville en abordant parmi eux. Pour se venger du vol d'une tasse d'argent qui ne lui fut pas rendue, il avait fait mettre le feu à la ville] et détruire la provision de grain des habitants. Aussi les Indiens virent-ils bientôt qu'ils n'avaient d'autre moyen d'échapper à leur ruine que de se défaire d'hôtes si dangereux. Ils étudièrent leurs vices, et, ayant découvert que l'or était leur passion dominante, un sauvage, non moins rusé que les Européens, imagina des fables extravagantes qu'une avidité folle pouvait seule accepter. Il leur fit accroire que la rivière de Roanoke sortait du creux d'un rocher si près de l'océan Pacifique que la vague jaillissait quelquefois jusqu'à sa source. Ses rives étaient habitées par un peuple habile dans l'art de raffiner le riche minerai que le pays contenait en abondance. Les murs de la cité brillaient d'une infinité de perles. Lane, rendu crédule par la cupidité, essaya de remonter le courant rapide du fleuve, et ses compagnons, puisant le même courage dans les mêmes illusions, ne renoncèrent à le suivre qu'après avoir épuisé leurs provisions, et dévoré jusqu'aux chiens qu'ils avaient emmenés avec eux.

Le but des Indiens avait été de diviser les forces de leurs ennemis pour les détruire. Mais, quand ils eurent vu revenir Lane plus tôt qu'ils ne l'avaient espéré, ils essayèrent de prendre les étrangers par la famine en laissant leurs terres en friche, et en fuyant au loin. La modération d'un de leurs chefs déjoua ce projet; mais il n'en régnait pas moins une hostilité sourde qui donna aux Anglais l'idée de ne pas attendre qu'on vînt les attaquer. Ils usèrent de dissimulation, demandèrent une entrevue avec Wingina, l'un des chefs de tribu les plus actifs, et, quand ils se virent maîtres de sa personne, à un signal donné, ils tombèrent sur le malheureux roi et sur sa suite, et les massacrèrent sans pitié.

Après cet indigne exploit, il ne fallut plus compter sur les ressources du voisinage. Cependant les secours que l'on attendait d'Europe n'arrivaient pas et le désespoir commençait à gagner le cœur des colons, lorsque leurs yeux souvent fixés sur la haute mer rencontrèrent une flotte de vingt-trois voiles. C'était Drake qui venait en passant, à son retour des Indes occidentales, visiter les domaines de Raleigh, son ami. Témoin de la détresse des colons, il leur offrit des secours avec la plus grande générosité; mais Lane lui-même partageait le découragement général, et tous témoignèrent si ardemment à Drake leur désir de rentrer dans leur patrie, qu'il ne voulut point s'y refuser, et les prit à bord sur sa flotte.

Ainsi finit le premier établissement effectif des Anglais en Amérique. Il n'en résulta guère que l'introduction en Angleterre d'une habitude qui depuis s'est bien étendue : les colons s'étaient familiarisés dans le pays avec les amusements favoris de l'oisiveté indienne, et rapportèrent dans la Grande-Bretagne l'usage général du tabac.

Le retour précipité de Lane était une véritable désertion : quelques jours de patience de plus l'auraient mis à même de recevoir des provisions abondantes, que Raleigh avait fait charger sur un vaisseau destiné à pourvoir l'établissement naissant de tout ce qui pouvait lui être nécessaire. Mais, quand le navire se présenta, le « paradis terrestre » était désert. Grenville, quinze jours après, trouvait la même solitude sur ces côtes qu'il venait secourir avec trois vaisseaux, et il se contenta de déposer dans l'île de Roanoke une garnison de quinze hommes, pour y garder les droits de l'Angleterre.

Tous ces désastres n'étaient pas faits pour encourager l'enthousiasme des émigrants ni le zèle du fondateur. Néanmoins les récits d'Hariot, qui proclamait l'excellence du sol et les avantages du pays, laissaient encore l'espérance de recueillir les éléments d'une colonie nouvelle, et le courage de Raleigh croissait avec les difficultés. Il résolut de créer cette fois un État agricole, d'envoyer des émigrants avec femmes et enfants, pour fixer leurs familles dans le nouveau monde, de leur donner des garanties d'existence et de propriété par une charte de bourgeoisie, et par l'établissement d'un gouvernement municipal pour la *Cité Raleigh*. John White en fut nommé gouverneur. C'est à lui, avec l'assistance d'un conseil de onze membres, que fut confiée l'administration de la colonie. Une flotte composée de bâtiments de transport fut équipée aux frais du propriétaire, car « la reine Élisabeth, la marraine de la Virginie, » voulut bien nommer sa filleule, mais « refusa de contribuer en rien aux frais de son éducation. » La présence des femmes à bord donnait à cette expédition un caractère moins sévère, et une ample provision d'instruments de labourage semblait promettre un bon succès. Mais, en arrivant à l'île de Roanoke, leurs yeux furent attristés par un horrible spectacle. La poignée d'hommes que Grenville avait déposée là n'y était plus; ou plutôt, dans leurs demeures désertes et cachées déjà sous l'herbe, on trouva leurs ossements dispersés sur la terre. Il n'y avait d'êtres vivants que les daims qui venaient chercher un abri dans les décombres et leur nourriture dans les plantes potagères de quelques jardins affrichés. Le fort était en ruine. Les malheureux qu'avait laissés Grenville avaient été massacrés par les Indiens.

Triste présage, bientôt suivi de contrariétés qui portèrent le découragement dans l'âme des colons! La situation de la Cité Raleigh avait été désignée par Raleigh lui-même : la ville devait être fondée dans la baie de Chesapeake; mais un officier de marine, Fernando, n'ayant pas voulu attendre, pressé qu'il était d'aller trafiquer dans les grandes Indes, il fallut rester à Roanoke. C'est aujourd'hui une île presque inhabitée. Le commerce a choisi des ports plus sûrs pour ses opérations ; il n'y a que quelques pilotes intrépides, quelques sauveteurs aventureux, qui bravent les dangers d'une résidence sur cette côte inhospitalière.

Puis on eut à vaincre la jalouse colère d'une tribu indienne qui massacra l'un des membres du gouvernement. A peine la paix était-elle rétablie qu'une méprise des Anglais vint la rompre. Ils prirent pendant la nuit des Indiens auxiliaires pour des ennemis et ne s'aperçurent de leur erreur qu'après avoir fait tomber sous leurs coups un certain nombre de ces innocents sauvages, tranquillement assis près de leurs feux.

Au moment où le vaisseau de la colonie allait repartir pour l'Angleterre, les colons, inquiets de leur sort futur, et comprenant qu'ils étaient à la merci des événements, tout d'une voix, hommes et femmes, supplièrent leur gouverneur d'aller presser dans leur patrie l'envoi des ressources qui leur étaient nécessaires. Il s'en défendit longtemps. Son devoir était de rester avec eux, disait-il; il voulait partager toutes les chances de leur fortune. Il était désormais uni à leur destinée par des liens de plus en plus sacrés. Sa fille Éléonore Dare, femme d'un des conseillers, venait de mettre au monde une fille, le premier enfant né de parents anglais sur le sol des États-Unis. Mais il fallut céder aux instances unanimes de la colonie ; John White dut partir, laissant derrière lui, comme otages de son prochain retour, sa fille et sa petite-fille *Virginie* Dare, ainsi nommée du lieu de sa naissance.

Mais l'Angleterre était occupée de soins plus importants : elle n'avait pas trop de toutes ses forces et de toutes ses ressources pour se défendre contre les menaces du roi d'Espagne ; son indépendance était mise en question, sa foi religieuse en péril; Roanoke ne pouvait que rester dans l'oubli jusqu'à la déconfiture de l'*invincible armada*.

Encore à cette époque Raleigh ne se trouvait-il plus en état de soutenir par lui-même l'établissement où il avait dépensé déjà quarante mille livres sterling (un million de francs) de sa propre fortune. Il imagina de diviser son privilége en un grand nombre d'actions qu'il offrit comme un appât à une compagnie de négociants et de particuliers, avec de larges concessions de territoire. Sa libéralité cependant ne trouva longtemps chez les spéculateurs que des dispositions languissantes. White enfin ne put aller trouver Roanoke que deux ans après son départ, et Roanoke était redevenu un désert. Une inscription gravée dans l'écorce d'un arbre renvoyait à Croatan; mais la saison des tempêtes ne permettait pas de s'aventurer dans de plus longues recherches, et celles qui furent reprises plus tard, à cinq fois différentes, par Raleigh, n'aboutirent qu'à des renseignements vagues. Une conjecture, fondée sur des traditions conservées chez les Indiens et confirmée par quelques indices bien incertains, ferait croire que les émigrés n'avaient pas tous péri là, que, sous la conduite peut-être de Manteo, Indien fidèle, investi en 1588 du titre et du rang de *baron, seigneur de Roanoke*, ils étaient arrivés sains et saufs à Croatan, qu'ils y avaient été adoptés par une tribu de sauvages Hatteras, et s'étaient mêlés à jamais avec les enfants de la forêt. Les naturels ont gardé longtemps ce souvenir, et l'on a cru reconnaître la trace de cet amalgame entre les deux races à certains signes physiques qui leur sont restés particuliers.

Les efforts généreux de Raleigh méritaient un meilleur sort; mais le ciel lui réservait encore de plus grandes amertumes. La perte de ses espérances, la mort de son fils aîné, avaient préparé la ruine de sa santé. Sa paralysie ne trouva pas grâce devant la sentence rigoureuse de son souverain. Sa famille fut réduite à la mendicité, et lui-même porta sa tête sur l'échafaud.

Le nouveau monde n'a pas accepté, pour la mémoire de Raleigh, ce cruel jugement; la reconnaissance des États-Unis n'a pas manqué à ce génie persévérant, grand capitaine, politique habile, poëte aimable, historien distingué, homme désintéressé, qui méritait d'être le créateur d'un empire : et, deux siècles après la consommation de toutes ses infortunes, l'État de la Caroline du nord, par un acte solennel, a fait revivre son nom avec honneur, en appelant la capitale du pays « la Cité de Raleigh. »

En effet le nom de Raleigh, même après l'insuccès des expéditions qui lui coûtèrent tant d'argent et d'illusions perdues, se retrouve encore longtemps mêlé aux entreprises qui se succèdent d'année en année pour coloniser l'Amérique.

Gosnold, en 1602, traversa l'Atlantique dans une frêle barque, et parvint en sept semaines au cap Cod; ce fut le premier Anglais dont le pied foula le sol de la *Nouvelle-Angleterre*. Charmé de la vue du groupe d'îles dont la plus occidentale reçut alors le nom de la reine Élisabeth, il y admira la riche végétation d'un sol vierge, les forêts majestueuses, les fruits sauvages, les fleurs éclatantes, l'églantine, l'aubépine, le chèvrefeuille, la poire rustique, la tanaisie, le sassafras, les fraises, les framboises, les raisins répandus avec profusion. Cette île fortunée contenait un lac, au milieu duquel était un îlot sur le roc : c'est là que les émigrants choisirent le lieu de leur résidence, et qu'ils bâtirent leur fort et leurs magasins, premières fondations de la Nouvelle-Angleterre. La nature n'a point changé. L'île, le lac et son îlot sont encore là : les forêts ont disparu, les arbrisseaux offrent toujours le même spectacle ; mais l'œil ne peut plus distinguer les ruines du fort.

Au reste ce ne fut qu'une courte reconnaissance ; la petite troupe de Gosnold se hâta de quitter le pays pour emporter en Angleterre la cargaison de sassafras qu'elle avait obtenue de son trafic avec les naturels de la terre ferme. Le sassafras passait alors pour une panacée souveraine. Ils firent la traversée au retour en cinq semaines. Le cours de l'expédition n'avait en tout duré que quatre mois. La santé de l'équipage avait été parfaite.

Ces bonnes nouvelles séduisirent une compagnie de négociants de Bristol. Raleigh s'empressa de leur offrir toutes les facilités, et Richard Hackluyt, l'historien précieux de ces premiers temps, les détermina, par ses vives instances, à continuer ces découvertes. Dès lors, elles ne furent plus interrompues.

Telle est, en résumé, l'histoire des voyages qui préparèrent la colonisation des États-Unis. On ne sait ce qu'on doit le plus admirer de l'audace ou de l'habileté de ces aventuriers intrépides. La traversée de l'Atlantique offrait des difficultés imprévues, et, plus l'inexpérience des temps en exagérait les périls, plus il fallait de courage pour les affronter. La nature des vents et des courants sur ces mers était entièrement ignorée. Ce ne fut que par degrés qu'on vint à découvrir la possibilité d'un trajet direct. Les dangers imaginaires étaient infinis, *mais les dangers réels étaient* extrêmes. La plupart des bâtiments employés pour les premières découvertes n'étaient pas de plus de cent tonneaux; le vaisseau que montait Frobisher était à peine de vingt-cinq; deux de ceux de Christophe Colomb n'étaient pas pontés. Le voyage était généralement considéré comme si périlleux, que les marins avaient pour habitude de ne point s'embarquer sans se préparer à l'éternité par l'accomplissement solennel de certains actes religieux, et l'événement ne confirmait que trop leurs craintes. Colomb fit deux fois naufrage, et resta une fois pendant huit mois dans une île, sans aucune communication avec le monde civilisé. Hudson fut abandonné à la dérive dans un petit bateau par son équipage mutiné. Willoughby mourut de froid. Roberval, Parménius, Gilbert et tant d'autres s'engloutirent au fond des mers. L'art de la navigation, encore dans l'enfance, secondait mal leur intrépidité de marins; et, arrivés à terre, ils avaient à braver tous les périls qui peuvent atteindre des soldats, et à surmonter tous les obstacles que peuvent rencontrer des laboureurs.

Pour réussir, sous de tels auspices, à transporter dans le nouveau monde la civilisation de l'ancien, il leur fallait, à coup sûr, toute l'énergie dont l'homme est capable et une foi profonde en Dieu, dont ils accomplissaient le dessein en propageant sa loi. Elles ne leur manquèrent point.

CHAPITRE VIII.

On commence en Europe à ne plus compter sur les mines d'or de l'Amérique septentrionale. — Persécutions religieuses en Angleterre contre les puritains. — Un certain nombre d'entre eux (*les pèlerins*) veulent quitter leur pays pour aller habiter en Hollande, sous la conduite de M. Robinson, leur pasteur. — Difficultés qu'ils éprouvent. — Ils finissent par y réussir (1608).

Avec le XVIIe siècle, une ère nouvelle commence pour la colonisation de l'Amérique du nord. Quoique l'intérieur en soit encore mal connu, et que cette ignorance laisse au cœur des aventuriers l'espérance d'y découvrir les richesses cachées qui ont été longtemps le but principal des navigateurs européens sur ces côtes, cependant le mauvais succès des premières expéditions a jeté trop d'incertitude dans les esprits et détruit trop d'illusions pour qu'il soit possible de faire revivre la même ardeur de recherches et de conquêtes. On sait maintenant qu'il ne faut plus espérer là, comme autrefois, des empires plus opulents que ceux du Mexique et du Pérou, et que les *caciques* des tribus du nord, au lieu de marcher appesantis par les pierreries et les joyaux qui les décorent, vont presque nus sous un climat souvent rigoureux. Les murs de leurs palais ne sont décidément pas de rubis et de perles. Le pays est riche, mais il le sera surtout par la culture; il ne faut point compter, pour y faire sa fortune, sur les mines d'or et d'argent dont les lingots tout prêts attendent le matelot au bord du rivage, il faut compter sur le travail de ses bras :

C'est le fonds qui manque le moins.

On commence à désespérer aussi du succès que l'on s'était longtemps promis, en cherchant par là un passage à l'empire du Cathay ou, plus tard, à l'océan Pacifique. La dernière question n'est point résolue, et l'importance de la découverte tiendra longtemps en haleine l'ambition des marins; mais les montagnes de glaces où déjà tant de vaisseaux ont trouvé leur perte, la mort des hommes les plus intrépides, glacés par un froid excessif ou exténués par la faim, ont révélé le danger d'une pareille entreprise, sans que rien soit venu confirmer l'espérance à laquelle ils ont généreusement sacrifié leur vie.

Prendre possession du pays par de vaines formalités, dresser en courant sur un rivage ignoré une croix de bois ou de pierre, y suspendre l'écusson de son roi ou de sa souveraine, et puis s'en retourner, au risque de ne plus retrouver au bout de quelques années, si l'on y revient, que la place où l'on avait débarqué, c'est donner à sa patrie un royaume bien précaire et des titres bien contestables. Laisser là quelques sentinelles abandonnées comme des témoins vivants des droits de leur nation, c'est les livrer à l'intempérie des saisons, aux horreurs de la faim, à la férocité des sauvages et des écumeurs de mer plus féroces que les sauvages. Si l'on y dépose quelques vagabonds, quelques échappés des prisons et des galères, pour fonder une nouvelle France, il est bien à craindre qu'au lieu de recommencer la Rome des temps héroïques, ces Romulus du nouveau monde, après avoir consommé leurs vivres, n'égorgent leurs chefs et ne désertent sur un radeau, en attendant que l'occasion d'un vaisseau mal gardé ou mal défendu les mette à même de reprendre sur l'Océan, comme pirates, leur ancienne profession.

Sera-ce donc là tout le fruit de cette miraculeuse découverte? Est-il vrai que des mers, jusque-là inaccessibles, auront en vain ouvert à l'audace des hommes un chemin désormais facile vers un monde nouveau? que des terres vierges, presque inhabitées dans leur immensité, appelleront en vain pour les féconder l'industrie des peuples civilisés du vieux continent, et que tout se bornera à l'humble bénéfice de quelques pêcheurs de morue sur le banc de Terre-Neuve? Dieu n'a pas coutume d'ouvrir à l'intelligence humaine un si vaste horizon pour un si mince bienfait.

Il est, dans l'histoire de l'humanité, des époques puissantes où l'esprit de l'homme se sent à l'étroit dans les limites sociales où sa vie est renfermée, et s'agite en tous sens pour les dépasser. Dans cette fermentation des idées et des désirs, dans ce trouble en apparence sans but, que de souffrances, que de luttes intestines, avant que la force victorieuse s'impose et règne!

Et tout ne finit pas là. La résignation à la force est la lassitude des peuples qui n'ont plus de vertu; quand ils ont usé tous les principes et perdu toute confiance en eux-mêmes, quand le patriotisme se glace, quand la foi politique et religieuse s'éteint, c'est le temps de la tyrannie, l'indifférence se prête à tout.

Mais lorsque, au fond des crises civiles qui exercent la jeunesse d'un grand peuple, subsistent des croyances vigoureuses et qui s'adressent à l'éternel avenir, elles ne se rendent pas sitôt; si l'oppression d'un moment atteint alors l'homme dans ses libertés les plus chères, il ne consentira point à les laisser périr. Il saura au besoin consommer le plus difficile effort, accepter les plus douloureux déchirements, et fuir, comme les Grecs de Phocée, emportant sur ses vaisseaux ses dieux et son avenir. Il retourne le proverbe et dit : « Où est le bonheur, là est la patrie. »

« Qui sait si la Providence, en faisant tout à coup apparaître un monde nouveau, n'avait pas préparé ce refuge à l'affliction des âmes qui se sentaient vaincues dans le vieux monde[1] ? » Coligny ne fut pas seul à le croire, bien qu'il fût le premier à tenter d'y chercher un abri pour sa foi.

La liberté religieuse, en Angleterre comme ailleurs, eut à traverser bien des épreuves avant de se fonder. Les fidèles des sectes dissidentes et leurs ministres furent sommés de se soumettre au livre de *Common prayer*, aux rites, aux cérémonies, aux trente-neuf articles de foi de l'Église anglicane. Vers l'année 1584, la *haute cour ecclésiastique*, instituée en 1559, était en pleines fonctions. Elle avait reçu ce nom de l'étendue de sa juridiction, qui lui donnait des pouvoirs supérieurs aux cours épiscopales ordinaires. Son autorité s'étendait sur tout le royaume. Elle se composait de quarante-quatre personnes, dont douze évêques. Les commissaires dont elle était formée avaient ordre de s'enquérir de toute opinion hérétique, de punir toute personne qui se séparait de l'Église, de rechercher et de réformer toutes erreurs, hérésies ou schismes,

1. « Who knows but that God hath provided this place to be a refuge for many whom he means to save out of the general destruction ?... » (*Chronicles of the first planters.*)

de priver de leurs pensions ecclésiastiques tous les ministres qui maintenaient une doctrine contraire aux trente-neuf articles, d'examiner tous ceux qui leur étaient suspects, même après avoir prêté serment, d'infliger aux réfractaires l'excommunication, l'amende ou l'emprisonnement, à leur choix. Ils avaient toute autorité sur les shérifs, juges de paix, et autres officiers, pour leur demander de saisir et d'amener devant eux qui bon leur semblait. Ils envoyaient des sergents à domicile chez les personnes suspectes avec une citation à comparaître. Leur interrogatoire se composait d'une série de questions « si curieusement rédigées et pleines de tant de détails minutieux, disait lord Burleigh, que je ne crois pas que l'inquisition espagnole usât de tant de détours pour attraper sa proie. »

En 1604, à la fameuse conférence de Hampton-Court, le roi Jacques Ier disait, en parlant des puritains : « Il faudra bien que j'en aie raison, ou je leur ferai quitter le pays, si je ne fais pis.... Si l'un d'eux bouge, ou ne montre pas d'obéissance, c'est un homme pendu. » A l'ouverture du parlement : « C'est une secte, disait-il, qui ne saurait être supportée dans tout gouvernement régulier. » Dans une lettre particulière du même temps il écrivait ces mots : « J'aimerais mieux vivre en ermite dans quelque forêt que de régner sur un peuple pareil à cette meute de puritains qui dirige la chambre basse. » Dans le *Basilicon dôron*, il avait déjà dit à son fils : « Prenez garde, mon fils, aux puritains, la vraie peste de l'Église et de l'État. Je déclare devant Dieu que jamais vous ne trouverez ni *highland* ni frontière infestés de brigands plus ingrats, plus bas, plus menteurs, plus parjures que ces fanatiques. »

Il ne faut donc pas s'étonner de la *proclamation* que publia bientôt Jacques Ier pour proscrire tout exercice public d'un autre culte que celui de la religion établie sous le règne d'Élisabeth, ordonnant en outre que les ministres puritains qui refuseraient de s'y conformer eussent à prendre d'autres dispositions pour eux et leurs familles. Et, en effet, dès l'année suivante on comptait déjà plus de trois cents ministres expulsés, suspendus, emprisonnés ou envoyés en exil.

Mais ces trois cents ministres avaient chacun un troupeau. Quand le pasteur avait, pour confesser sa foi, abandonné son presbytère, résigné son titre officiel, et rendu à l'État le salaire qui faisait vivre sa maison, il recevait aussitôt de son Église restée fidèle un abri sous chaque toit, une consécration populaire, et le pain de la communauté, devenu le sien. Poursuivi dans ce dernier asile, s'il était contraint de fuir en banni, *son peuple* le suivait au delà des mers.

C'étaient là les vrais colons que la persécution préparait, sans le savoir, à l'Amérique du nord : des hommes de foi, durs à la peine, dociles et résolus, unis de cœur et forts devant Dieu; des semences comme il les faut pour un grand peuple.

A partir de ce moment, nous ne suivrons plus, sur les côtes septentrionales du nouveau monde, des aventuriers sans principes, des flibustiers intrépides, des pêcheurs nécessiteux. Nous n'assisterons plus aux grands coups d'épée des Cortez et des Pizarre, à ces grands carnages d'une race faible et désarmée sous le fer et le plomb des peuples civilisés. Mais, simple et grave comme il est, le récit de la fondation des États-Unis, à Jamestown ou à Plymouth, par quelques hommes de foi et de vertu, qui fuient les douceurs de la patrie pour vivre en paix avec leur conscience, ne saurait manquer de plaire aux gens de bien, et je ne connais pas, dans l'histoire, de plus noble origine aux nations les plus célèbres.

Parmi les dissidents qui se groupaient autour de leurs ministres réformés dans les campagnes des comtés de Nottingham, de Lincoln et d'York, l'Église dirigée par Richard Clifton se vit, en 1606, en butte à de nouvelles persécutions. Ils réussirent pendant un an à tromper la police royale et épiscopale, en changeant de place tous les dimanches pour l'exercice de leur culte; mais ils étaient traqués de toutes parts : on les arrêtait, on les jetait en prison, on occupait ou l'on surveillait leurs maisons jour et nuit. On en fit tant que, d'un commun accord, ils trouvèrent moins insupportable de laisser là leurs habitations et leur profession, pour aller chercher quelque part la liberté religieuse. Pieux pèlerinage, en effet, qui leur a valu dans l'histoire le titre de *pèlerins*.

Depuis l'établissement de la religion réformée en 1573, les Pays-Bas étaient devenus comme un terrain neutre ouvert à toutes les sectes, un asile assuré pour tous les fugitifs. Déjà bien des gens de Londres et d'autres parties de l'Angleterre, exilés ou persécutés pour la même cause, étaient allés y chercher un refuge et vivaient à Amsterdam. Les pèlerins résolurent d'en faire autant.

Ce n'était pas chose facile. Quitter ensemble leur pays natal, leurs terres, leurs moyens de subsistance, leurs amis; s'en aller dans des contrées qu'ils ne connaissaient que par ouï-dire, où il faudrait apprendre une langue étrangère, gagner leur vie dans des métiers nouveaux pour eux! Et puis les denrées y étaient chères; la guerre y régnait avec toutes ses misères. Habitués qu'ils étaient à la vie des champs et aux travaux du labourage, étaient-ils sûrs de réussir dans les trafics de commerce qui faisaient subsister la Hollande? A ces pensées, beaucoup d'entre eux sentaient leur cœur faillir, et trouvaient le remède pire que la mort; mais ils finissaient toujours par se répondre au fond du cœur, comme les croisés du XIe siècle : *Dieu le veut!*

En attendant, le roi ne le voulait pas, et leur fermait tous les ports. Il leur rendait par ses rigueurs le séjour de l'Angleterre impossible, mais il ne leur permettait pas d'aller ailleurs. Il fallait chercher à grand'peine des moyens de transport clandestins, et marchander leur passage à des mariniers avides qui, les voyant dans l'embarras, en profitaient pour les ruiner d'avance. Encore s'ils avaient été de bonne foi dans l'exécution du contrat! mais souvent ils les trahissaient après l'avoir conclu, et les livraient à leurs ennemis.

Par exemple, les voici prêts au départ. Une compagnie nombreuse s'est entendue pour le fret d'un navire qui doit les prendre à Boston, dans le comté de Lincoln. Le jour est fixé. Le lieu d'embarquement est convenu. Après de grandes dépenses, une longue attente et bien des peines, ils voient enfin paraître le navire, non pas au jour dit, mais pendant la nuit suivante. Et puis, quand il les a chargés à bord, eux et leurs biens, le patron les abandonne aux officiers de police auxquels il les avait vendus auparavant. Ceux-ci les transbordent dans des bateaux plats, où ils les pillent et les dépouillent, les fouillant jusqu'à la chemise pour chercher leur argent, sans respecter davantage la modestie des femmes. Après cela ils les emmènent à la ville, en spectacle à la multitude ébahie, qui accourt de tous côtés pour les voir passer. Ils sortent des mains de ces happe-chair sans argent, sans livres, sans effets ; on leur a tout volé. Les magistrats qui les reçoivent ne savent qu'en faire, mais commencent toujours par les emprisonner. Au fond du cœur ils les plaignent, mais cette pitié ne peut leur être d'aucun secours : on ne les relâchera pas avant un ordre du conseil, et cet ordre n'arrive qu'un mois après. Alors on en retient sept pour passer aux assises, et l'on renvoie les autres au lieu de leur départ.

Voilà une mauvaise campagne, une année perdue encore pour notre délivrance ; attendons l'autre printemps, et nous ferons peut-être mieux.

« En effet, quelques-uns de ceux-là et d'autres firent au printemps suivant (en 1608) une nouvelle tentative pour s'embarquer ailleurs. Le hasard voulut qu'ils eurent connaissance, à Hull, d'un Hollandais qui avait un vaisseau en chargement pour la Zélande. Ils firent marché avec lui, et le mirent dans leur confidence, espérant trouver en lui plus de loyauté qu'ils n'en avaient trouvé dans leurs compatriotes. « N'ayez pas peur, leur dit-il, vous pouvez compter sur moi. » Il était convenu de les prendre entre Grisby et Hull, dans un grand commun à bonne distance des bourgs voisins. Alors, vers le temps fixé, les femmes et les enfants, avec les bagages, furent envoyés là sur une petite barque qu'ils avaient louée exprès dans ce dessein; les hommes devaient aller à pied les rejoindre.

« Mais il se trouva qu'ils y étaient arrivés un jour avant la venue du navire. La mer étant mauvaise et les femmes bien malades, elles obtinrent des mariniers qu'on les descendît, à marée basse, dans une petite crique tout près de là. Le lendemain matin, voici le vaisseau qui vient les prendre; mais elles étaient dans un tel état qu'elles ne purent bouger avant midi. Cependant le patron, voyant comment allaient les choses, envoie la barque pour amener les hommes qu'il apercevait sur le rivage. Mais il n'en avait pas plutôt recueilli à bord un plein bateau, qu'au moment de recommencer, il voit de loin une grande troupe de gens à pied et à cheval avec des fusils, des haches et d'autres armes, car le pays était ameuté pour les prendre. Le Hollandais, voyant cela, se mit à jurer à la mode de son pays (*sacrament!*), et, ayant bon vent, leva l'ancre, hissa les voiles, et.... au large!

« Et les pauvres hommes qui étaient à bord, jugez de leur détresse à la vue de leurs femmes et de leurs enfants qu'on allait prendre, et qu'ils abandonnaient là sans secours, n'ayant eux-mêmes pour tout bien que la chemise qu'ils avaient sur le dos, quelques sous dans leur poche; leurs effets étant restés dans la barque amarrée au rivage. Que de larmes coulèrent de leurs yeux! Ils auraient donné bien des choses pour être encore à terre. Regrets inutiles! Il n'y a plus de remède; il faut partir, le cœur bien gros.

« Voilà qu'en mer ils ont à endurer pendant plus de quatorze jours une tempête affreuse avant d'entrer au port, et la moitié du temps sans voir ni étoiles, ni lune, ni soleil, poussés sur la côte de Norwége. Les marins eux-mêmes désespérèrent souvent de leur salut, et une fois entre autres, ils se mirent à crier et à pleurer, semblables à des gens qui vont mourir, comme si le vaisseau avait déjà sombré sous la vague, et eux aussi, sans espérance!... Mais, pendant que l'eau leur entrait par les oreilles et montait jusqu'à leurs lèvres, pendant que les matelots criaient : « Nous enfonçons! nous enfonçons! » eux, les pèlerins, criaient aussi, mais avec foi : « Non, Seigneur, tu peux toujours nous sauver; tu peux encore nous sauver, Seigneur. » Ils avaient bien raison, car le navire remonte, et les marins reprennent courage. Non-seulement ils furent sauvés, mais, lorsque la violence de la tempête eut commencé à s'apaiser, le Seigneur remplit leurs âmes affligées de ces consolations puissantes que tout le monde ne peut pas comprendre, et il finit par les faire entrer au port désiré. Là ils trouvent le peuple en foule sur le rivage, admirant leur délivrance; car l'orage terrible auquel ils venaient d'échapper avait causé bien du mal, comme les amis du patron vinrent lui en faire le récit au milieu de leurs félicitations.

« Retournons maintenant aux autres que nous avons laissés sur le rivage. Les hommes, qui se voyaient dans le plus grand danger, se hâtèrent de s'échapper avant l'arrivée de la troupe, sauf quelques-uns d'entre eux seulement qui restèrent pour assister les femmes. C'était grand'pitié de voir ces pauvres femmes dans leur abandon. Que de pleurs! que de cris de tous côtés! les unes parce qu'elles se voient enlever leurs maris sur le vaisseau; les autres, parce qu'elles ne savent pas ce qu'elles vont devenir, elles et leurs petits; d'autres fondent en larmes en les voyant, ces pauvres petits, pendus à leur cou, pleurant de peur et tremblant de froid. Cependant on les saisit, on les entraîne deçà et delà, d'une justice de paix à une autre, tant qu'enfin on ne savait qu'en faire. Car emprisonner tant de femmes avec leurs petits innocents, sans autre cause sinon qu'elles voulaient s'en aller avec leurs maris, c'était aussi trop déraisonnable et trop criant. Après cela, les renvoyer chez elles, ce n'était pas plus facile; car elles disaient (hélas! et c'était vrai) qu'elles n'avaient plus de chez elles : n'avaient-ils pas vendu ou aliéné leurs maisons et leurs biens? Bref, après les avoir bien tracassées et menées de Caïphe à Pilate, on se trouva bien heureux de s'en débarrasser à tout prix, car on en était bien ennuyé. Cela n'empêcha pas que les pauvres créatures n'endurassent bien de la misère avant de recouvrer leur liberté. »

Nous n'avons rien voulu changer à ce récit des premières épreuves des pèlerins. C'est l'expression naïve des sympathies d'un pèlerin lui-même; il avait vu et partagé les maux qu'il raconte, et pouvait dire aussi : *Quorum pars magna fui;* car nul n'en avait plus souffert, dans sa personne et dans ses biens, quoiqu'il fût bien jeune encore. Mais, pour lui comme pour eux, tout obstacle devenait un aiguillon à leur courage, et sans doute ils répétaient tous avec Bradford : « Heureuses les douleurs qui enfantent de tels fruits! » Ces troubles publics, en effet, ces spectacles donnés en tant de places diverses, grandissaient leur cause dans le royaume et intéressaient la nation à leur malheur : leur conduite chrétienne semait dans les esprits, sur leur passage, une impression féconde; et s'il y eut de rares défections causées chez quelques-uns par ces premières luttes, elles ne firent que rafraîchir le courage des autres, et multiplier leurs imitateurs, si bien qu'à la fin, en dépit de toute opposition, ils réussirent à passer tous, un jour ou l'autre, en Hollande, et à s'y retrouver ensemble. Ce n'était pas une petite joie.

CHAPITRE IX.

Court séjour des pèlerins à Amsterdam. — Ils vont s'établir à Leyde. — Leur condition dans cette ville. — Leur conduite inspire le respect. — Leur amour de la patrie absente. — Ils se décident à quitter la Hollande après un séjour de douze ans. — Raisons de cette détermination. — Ils veulent passer en Amérique. — Délibération. — On propose la Guyane et la Virginie. — Ils font choix de la Virginie.

La Hollande, à l'arrivée des fugitifs, paraît les avoir frappés surtout par le spectacle de ses villes fortes avec leurs arsenaux, leurs murs élevés et les troupes armées chargées de les défendre. Tout était nouveau pour eux, le langage, le costume, les mœurs. « Tout cela était si différent de la simplicité de leurs villages, où ils étaient nés, où ils avaient été élevés, où ils avaient vécu si longtemps, qu'il leur semblait comme s'ils étaient dans un nouveau monde. » Mais ils n'avaient pas de temps à perdre dans une admiration stérile ; il fallait se mettre résolûment à l'œuvre, et toutes ces belles villes, si riches et si brillantes, n'empêchèrent pas qu'ils ne vissent bientôt se dresser devant eux le spectre hideux de la pauvreté qui venait les assaillir « comme un ennemi en armes, qu'ils devaient combattre face à face. »

Pendant les douze ans qu'ils restèrent dans les Provinces-Unies, les pèlerins plantèrent d'abord leur tente à Amsterdam, puis à Leyde, car ils ne se séparèrent point. Unis sous la direction de M. Robinson, leur pasteur, puis de M. Brewster, qui lui succéda, ils ne cessèrent jamais de vivre comme une famille, sans mêler leur sang ni leur culte à ceux du pays. Rien ne coûta à leur courage pour faire subsister par leur travail leur pauvre tribu, qu'ils savaient faire respecter par leur conduite. Nous ne nous laisserons point entraîner à de longs détails sur leur vie. Le pèlerinage ne fait que commencer encore, il faut le suivre. Mais ceux qui se plaisent à voir l'âme humaine aux prises avec les difficultés d'une situation laborieuse peuvent voir dans *Cotton Mather*, dans *Belknap*, dans *Massachusetts' history*, les efforts véritablement inouïs que les pèlerins eurent à renouveler sans cesse pour ne pas mourir à la peine : ce fut comme une victoire de tous les jours. Le ministre lui-même, Brewster, se fit ouvrier imprimeur, et Bradford, dont nous rencontrerons plus d'une fois le nom, après avoir fait le sacrifice d'une fortune assez considérable en Angleterre, se mit, à Leyde, au service d'un Français qui lui apprit en même temps à fabriquer la soie ; ce qui ne l'empêcha pas de trouver du temps pour apprendre si bien le hollandais, qu'il le possédait presque comme sa langue maternelle. Quand il quitta la Hollande, il parlait aussi le français; et, quoique son éducation eût été négligée dans sa jeunesse, le latin et le grec lui étaient devenus familiers; mais il avait surtout étudié avec fruit l'hébreu, « voulant voir, disait-il, de ses propres yeux, les anciens oracles de Dieu dans leur beauté native. »

Leyde n'était pas simplement alors une place de manufacture et de fabrique; c'était avant tout une ville de haute érudition et de science théologique. Depuis qu'en 1575 le prince d'Orange, pour récompenser ses citoyens de leur constance et de leur valeur pendant un siége mémorable, y avait fondé une université, elle avait fait grand honneur à son fondateur par le nom des savants qu'elle avait accueillis ou formés. Elle pouvait déjà citer Grotius, Juste Lipse, Vossius, Scaliger et Saumaise, en attendant Descartes. Arminius et ses disciples lui donnaient même à cette époque une vie nouvelle par leurs fameuses *remontrances*, et les pèlerins laissèrent plus d'une fois chômer leurs métiers pour aller applaudir leur digne prêtre M. Robinson, qui ne craignit pas, quoique étranger, d'accepter dans l'université le défi des professeurs arminiens, et de tenir tête à leur Episcopius ; il s'en tira toujours avec succès, et, comme ils disaient en revenant, tout fiers de leur champion : « Il avait eu là une si fameuse victoire, qu'elle lui avait attiré beaucoup d'honneur et de respect de la part de ces grands savants et des autres gens qui aimaient la vérité. »

C'est un des traits caractéristiques de cette petite Église, qu'avec des croyances fondées sur le libre examen, et qui semblaient appeler la discussion sur toutes choses, on ne trouverait nulle part une discipline plus absolue, un accord plus fraternel pour l'administration de leur république, ni une obéissance plus filiale à toutes les directions temporelles ou spirituelles de leur pasteur. Cette autorité des ministres, méritée d'ailleurs par leur zèle et leur capacité, exerça certainement de bonne heure sur la moralité des premiers planteurs, dans les États-Unis, une influence salutaire qui dure encore.

Dès les premiers moments, elle eut pour effet de donner à leur colonie un cachet particulier, au milieu du peuple où elle vivait isolée. Les autorités du pays la citaient pour exemple aux réfugiés des autres nations, qui abusaient quelquefois de l'hospitalité hollandaise pour troubler la paix publique par leurs querelles. En 1619, plus de onze ans après leur fuite d'Angleterre, les magistrats de Leyde disaient avec reproche aux Wallons de leur cité : « Voilà déjà près de douze ans que ces Anglais sont venus vivre parmi nous; et nous n'avons encore eu ni procès ni accusation portés devant nous contre aucun d'eux; mais vous, vos disputes et vos querelles sont continuelles. »

Aussi, toutes les fois qu'ils avaient besoin de quelque prêt d'argent, ils en trouvaient sans difficulté dans toutes les bourses, parce que les Hollandais avaient appris par l'expérience combien ils étaient scrupuleux dans l'accomplissement de leur parole; et comme on les voyait laborieux et diligents dans leurs divers états, c'étaient eux qu'on employait de préférence à tous autres, à cause de leur honnêteté et de leur activité.

Mais ce n'était point une patrie qu'ils étaient allés chercher en Hollande, c'était un abri. Ils pouvaient, sans ingratitude pour leur refuge du premier moment, rêver de meilleures destinées, un pays qui ne fût pas à d'autres, une terre qui s'appelât de leur nom, un *home* enfin; car l'Anglais n'est point comme l'Arabe des caravanes, il n'emporte pas tout avec son pavillon. Quelque part qu'il soit, il garde au fond de son cœur l'amour de sa patrie et l'orgueil de sa race; il ne déserte pas son drapeau quand il entend le ranz des vaches; mais ses soldats au fond des Indes, ses matelots dans les mers de la Chine, ses touristes en extase devant le soleil de Naples, restent Anglais et nourrissent ces sentiments, ces souvenirs, dont leurs poëtes ont le secret et qu'ils invoquent pour rendre populaire dans tous les rangs ce mot également éloigné du *chez soi* trivial et du *foyer* pompeux, ce mot de *home* qui résume dans sa simplicité touchante tous les charmes de la vie intime, toutes les joies saintes de la famille!

Ces pauvres artisans qui ont passé de la charrue de l'Yorkshire aux métiers de tisserand de Leyde ou d'Amsterdam, si maltraités qu'on les ait vus dans leur pays natal, si résolus qu'ils soient à s'en faire un autre ailleurs, ils deviennent presque éloquents, lorsqu'ils parlent des sentiments qu'ils conservent au fond du cœur pour la mère patrie : « Nous ne sommes pas de ceux qui se croient parfaits en ce monde; mais, tels que nous sommes, informez-vous, et vous verrez que nous tenons à honneur d'appeler l'Église d'Angleterre, d'où nous sortons, notre chère mère, que nous ne saurions nous séparer de notre pays natal sans en avoir une grande tristesse dans le cœur et bien des larmes dans les yeux, toujours prêts à reconnaître que, si nous avons obtenu quelque espérance de salut, c'est dans son sein que nous l'avons reçue, c'est de ses mamelles que nous en avons exprimé la grâce. Comment irions-nous aujourd'hui rejeter avec dégoût ce lait dont elle nous a nourris enfants? Loin de là, nous bénissons Dieu de nous l'avoir donnée pour mère et pour nourrice; nous nous réjouirons toujours de son bonheur et nous prendrons une part sincère à ses afflictions, tant qu'il nous restera un souffle de vie[1]. »

Le hasard avait voulu que les douze années que les pèlerins venaient de passer en Hollande répondissent exactement à la trêve de douze ans conclue entre l'Espagne et les Provinces-Unies. Elle allait expirer, et l'on devait s'attendre, en restant à Leyde, à partager tous les embarras et tous les dangers d'une guerre nouvelle. Décidés à s'établir ailleurs, les pèlerins n'avaient rien de mieux à faire que de s'y préparer au plus tôt. Ils avaient bien des raisons de ne point se contenter du sort précaire qu'ils s'étaient fait dans ce pays à force de travail et de peine. Déjà quelques-uns de leurs frères y avaient succombé; l'âge venait pour d'autres dont les forces épuisées se refusaient à de plus longues épreuves; un grand nombre de leurs enfants s'étiolaient dans l'atelier de leurs pères, « et devenaient décrépits dès leur âge le plus tendre; la fleur de leur jeunesse se flétrissait dans le bouton. » Ou bien, si leur santé robuste surmontait leur misère, il y avait pour eux des dangers pires encore. Les villes

1. *The humble request of his majesty's loyal subjects .... late gone for New England....* London, 1630.

de manufactures ne sont pas une bonne école pour les mœurs, et le mauvais exemple en entraînait plusieurs à quitter leurs familles, à se faire soldats ou matelots; les doctrines sévères de leurs parents ne permettaient pas qu'ils laissassent ainsi corrompre leur race et dégénérer leur sang.

Depuis qu'ils avaient montré le chemin à leurs coreligionnaires opprimés en Angleterre, ils avaient vu leur nombre s'augmenter chaque année de quelques recrues nouvelles. Mais les nécessités pénibles de leur situation n'étaient pas de nature à encourager l'émigration, et ils pouvaient craindre qu'au lieu de fonder une Église puissante, leur petite communauté n'en vînt à faire comme d'autres avaient déjà fait, à s'éparpiller sur le sol d'une nation étrangère et à se perdre dans les mille sectes du pays.

D'ailleurs ils voulaient vivre sous les couleurs du pavillon d'Angleterre: ils n'avaient pas cessé d'être Anglais, ils voulaient en garder la langue et le nom, ils voulaient pouvoir donner à leurs enfants l'éducation qu'ils avaient reçue eux-mêmes. Et puis leurs yeux étaient scandalisés du spectacle de profanation que la Hollande présentait le jour du sabbat. Quel avait été leur but en quittant leur pays? D'honorer Dieu librement et de ne point voir déshonorer son culte par des pratiques qui leur semblaient profanes. Et maintenant ils avaient sous les yeux un dévergondage de religion vraiment affligeant, et, pour couronnement du labeur de la semaine, un dimanche de folle joie ou de travail mercenaire. Ce n'était pas pour ce résultat qu'ils avaient supporté tant de maux, accepté tant de privations et de sacrifices. Pourquoi lutter sans espérance contre la sentence de condamnation qui semble frapper toutes les autres Églises d'Europe? Ne vaut-il pas mieux reprendre l'Évangile oublié sur le vieux continent, et le porter triomphant dans cet autre monde où Dieu les appelle? Il y a là de l'air, du soleil et de l'espace pour ceux qui étouffent ici dans les étroites limites d'une terre surchargée du poids de ses habitants. Il y a une nature primitive, pure encore de ces exemples corrompus et de ces besoins factices qui rendent aux esprits simples et aux conditions modestes la vie du monde intolérable; il y a surtout des hommes, des enfants d'Adam, nos frères, à éclairer des divines clartés du Christ. Qu'est-ce donc, après cela, que le regret de quitter un sol pour un autre? « Toute la terre est le jardin du Seigneur. »

Ce projet ne manquait pas de partisans: conçu dans le sein des zélés pasteurs de la tribu, il était accueilli avec chaleur par les esprits ardents que soutenaient une foi vive et l'élan d'une confiance généreuse dans la volonté divine. Mais il y avait aussi les prudents et les tièdes, qui ne laissaient pas d'opposer aux espérances de leurs frères des raisons spécieuses et des doutes fondés.

Ils voyaient bien qu'on voulait les transplanter dans ces pays déserts de l'Amérique, où ils ne rencontreraient d'autre visage humain que celui de quelques peuplades brutes et sauvages, accoutumées à errer çà et là comme des bêtes. C'était toujours une grande entreprise d'émigrer ainsi tous ensemble à travers les mers. Que de dangers! que de peines! Combien commenceraient vivants le voyage qui mourraient avant de toucher terre! Les vieillards, les femmes, les enfants, les personnes affaiblies par les maladies ou par l'excès du travail ne pourraient jamais endurer cette fatigue. Encore s'ils avaient là une hospitalité toute prête sur le rivage pour réconforter leurs corps fatigués et les réchauffer d'un bon accueil! mais quoi? Ils n'y trouveraient que la terre toute nue, la faim, le besoin et la privation de toutes choses. Le changement d'air et de régime leur serait funeste; et, au bout de tout cela, ceux qui auraient le bonheur ou le malheur de survivre seraient toujours sur le qui-vive contre une race sauvage, barbare, perfide et cruelle. Qui ne savait que, dans leur rage furieuse, ces gens-là ne se contentaient pas de tuer leurs prisonniers après la victoire, mais qu'ils prenaient un plaisir singulier à leur infliger des tortures sanglantes, tantôt les écorchant tout vifs avec des écailles de poissons, tantôt coupant leurs membres par morceaux pour les faire rôtir sur la braise, forçant même les malheureux à manger des tranches de leur propre chair? Il était bien naturel, au récit de ces atrocités, de sentir ses entrailles émues, et ce n'était pas lâcheté d'en trembler d'avance.

Avait-on aussi bien réfléchi aux sommes d'argent qu'il faudrait trouver pour les frais du voyage et l'approvisionnement nécessaire? leurs biens n'y suffiraient pas. Enfin, quand ils n'auraient pas des avertissements terribles du danger de ces établissements dans l'exemple récent de quelques colonies dont ils ne connaissaient que trop le triste sort, ne savaient-ils pas par eux-mêmes tout ce qu'ils avaient souffert pour venir s'établir en Hollande, à la porte même de leur pays?

C'est quelquefois raison de ne pas s'arrêter aux conseils d'une raison timide, et rien de généreux ne peut se faire que par des instincts supérieurs aux humbles calculs de la prudence. Toutes ces prédictions sinistres échouèrent contre la persévérance des pèlerins. Ils répondirent que toutes les actions grandes et honorables ne l'eussent pas été si elles avaient pu se faire sans difficultés; que le danger au contraire en avait fait le mérite dans ceux dont la résolution les avaient accomplies. Ils ne se dissimulaient pas que le péril était grand, mais plus grand serait leur courage. Avec du soin, de la prévoyance, on pourrait éviter bien des maux et sortir avec honneur d'une entreprise devenue nécessaire. Ils n'avaient pas à se reprocher de renoncer par inconstance à une situation satisfaisante, ni de tenter, par une vaine curiosité ou par l'amour du gain, une expédition téméraire. On savait bien qu'ils avaient à peine le choix de rester ou de partir. Leur condition n'était pas ordinaire, leur but était bon et honnête, leur désir légitime, leurs besoins pressants; quelle entreprise méritait mieux la faveur du ciel? Leur vie n'était en Hollande qu'un exil prolongé: un exil dans la misère. Depuis l'expiration de la trêve, ils n'entendaient plus que des coups de tambour qui leur disaient assez qu'il fallait se préparer à la guerre. Sauvages pour sauvages, l'Espagnol valait-il mieux que le Pequod? La famine et la peste ne sont pas plus tristes en Amérique qu'en Hollande, et au moins ils trouveraient là-bas la liberté.

Il restait à décider quelle partie de l'Amérique présentait le plus d'avantages pour un pareil établissement; et les pèlerins, fidèles à leurs habitudes religieuses, commencèrent par adresser en commun des prières à Dieu pour lui demander de les éclairer de ses lumières, puis ils tinrent une assemblée générale pour délibérer sur cette question.

Quelques membres de la communauté, et ce

n'étaient pas les moins importants, ouvrirent l'avis de choisir la Guyane ou quelque autre pays chaud et fertile dans ces climats. D'autres proposèrent la Virginie, où les Anglais avaient déjà commencé à s'établir.

Sir Walter Raleigh avait publié, en 1596, un récit attrayant de ses voyages en Guyane. « Des deux côtés de la rivière[1] nous découvrions le plus beau pays que mes yeux eussent jamais vu. Il y avait des plaines de vingt milles de long, avec une herbe verte et drue, ornées de bouquets de bois isolés, que l'on aurait dits semés là par la main d'un artiste habile. A mesure que nous remontions avec nos rames, les daims venaient le long du rivage paître par troupeaux paisibles : il n'y manquait que le berger. Jamais je ne vis un plus beau lieu, ni un paysage plus animé, ni des collines plus gracieuses au-dessus des vallées : c'était merveille de voir la rivière se diviser dans ses détours en une foule de branches diverses, les prairies voisines sans un chaume, sans un buisson, tout gazon vert et pur, les daims courant tout au travers, les oiseaux remplissant tous les arbres de leurs chants du soir sur mille tons différents, l'air rafraîchi par une brise agréable; enfin toutes les pierres où nous nous arrêtions avaient la mine de nous pro-

1. L'Orénoque, qu'il avait remonté l'espace de quatre cents milles, dans l'espérance de trouver la *grande cité d'or*, l'Eldorado.

mettre ou de l'or ou de l'argent. Ainsi, santé, bon air, plaisir, richesses, défient là, j'en suis certain, toute comparaison avec quelque pays que ce soit de l'est ou de l'ouest. »

Chapman, l'Homère de cette Odyssée, faisait adresser par la Guyane en personne des invitations plus pressantes et plus directes encore à sa patrie, quand il la représentait « se dressant sur la pointe du pied pour saluer de loin la belle Angleterre, et pour envoyer un baiser à sa sœur Élisabeth. »

La Guyane en fut cependant pour ses frais, et toutes ses séductions et *ses révérences* à la *vierge sainte* échouèrent contre des considérations plus solides : la réflexion mit en balance du printemps perpétuel qu'elle leur promettait l'insalubrité de ses chaleurs excessives ; l'abondance de ses fruits et sa nature plantureuse ne firent pas oublier à des Anglais que leur tempérament n'était pas préparé à l'influence du soleil des tropiques. Enfin le voisinage des Espagnols leur gâtait décidément tous les charmes du pays d'Eldorado, et les disposait à entendre avec plus de faveur l'avis ouvert par quelques-uns d'entre eux pour la Virginie.

CHAPITRE X.

Essais antérieurs de colonisation en Virginie. — Vie du capitaine *Smith*. — Ses aventures merveilleuses en Hongrie, — en Transylvanie. — Son tournoi avec le seigneur Turbaschaw, Grualgo, etc. — Il est fait prisonnier par les Turcs en Valachie, — esclave de la belle Tragabitzanda, — puis de Timour-bacha sur les bords de la mer d'Azof. — Mauvais traitements de son maître. — Il le tue et s'enfuit. — Il arrive en Russie. — Calamata. — Son retour à travers l'Allemagne. — Il s'embarque pour le Maroc. — Il revient à Londres (1604).

A l'époque même où les pèlerins avaient quitté l'Angleterre pour se réfugier en Hollande, deux compagnies de Londres, en vertu de lettres patentes émanées du roi, le 10 avril 1606, avaient obtenu la concession de tout le territoire de l'Amérique contenu entre le 34e et le 45e degré de latitude septentrionale, y compris toutes les îles situées en mer, à cent milles des côtes.

C'était une zone de douze degrés sur la côte d'Amérique, du cap Fear à Halifax, qu'elles avaient à coloniser. De ces deux compagnies la première, la seule qui doive nous occuper, se composait de nobles, de gentilshommes, de négociants de Londres. Elle possédait un droit exclusif sur les régions comprises entre le 34e et le 38e degré, c'est-à-dire du cap Fear à la limite méridionale du Maryland. Pour éviter toute collision entre les deux compagnies rivales, il devait exister entre leurs colonies un territoire vague de trois degrés.

Celle de Londres ne tarda pas à commencer l'exécution de ses plans : l'expédition se trouva prête à mettre à la voile le 19 décembre 1606. Elle se composait de trois petits vaisseaux : le plus grand jaugeait à peine cent tonneaux. Elle comptait parmi ses chefs le capitaine Gosnold, qui avait, comme nous l'avons déjà vu, parcouru avec succès la côte de la Nouvelle-Angleterre, et recommandé chaudement, à son retour, l'importance de ce pays à ses concitoyens; le capitaine Smith, dont nous raconterons tout à l'heure les merveilleuses aventures; G. Percy, frère du duc de Northumberland; Ed. Wingfield, marchand de Londres, et un ministre anglican, M. Robert Hunt. Le reste de la troupe ne paraît pas avoir été choisi avec intelligence : sur cent cinq émigrants, il n'y avait que douze ouvriers, très-peu d'artisans : ils allaient dans un pays sauvage, où ils ne devaient pas trouver une maison prête, et ils emmenaient avec eux quatre charpentiers seulement : en revanche ils possédaient quarante-huit gentlemen. Dans tout cela, pas une famille : c'était une imprévoyance d'assez mauvais augure. Aussi ils avaient à peine atteint les Canaries que des dissensions éclataient à bord et que, par mesure de prudence, le négociant Wingfield faisait mettre en prison, pour le reste de la traversée, le capitaine Smith, soupçonné mal à propos d'avoir fomenté une conspiration pour se faire roi de Virginie.

Smith n'avait guère plus de vingt-six ans, et déjà sa vie offrait une série d'aventures si romanesques qu'il faut se reporter à ces époques d'agitation hardie pour pouvoir y ajouter foi. Dès l'âge de treize ans, on le voit déserter son école, échanger ses cartons et ses livres contre un bâton de voyage, et se diriger vers un port de mer pour s'embarquer et voir le monde.

Peu de temps après, la mort de son père, honnête citoyen du Lancashire, le rappela dans son pays. Mais les bureaux du banquier chez qui l'avait placé sa famille n'eurent pas pour lui plus d'attraits que l'école n'en avait eu quelques mois auparavant : il passa dans les Pays-Bas avec l'espérance de trouver à s'enrôler quelque part contre les Turcs. Tout bon chrétien voulait alors se donner ce plaisir une fois en sa vie. Comment Smith tomba aux mains d'une bande d'aventuriers qui le dévalisèrent, comment il reçut dans son dénûment l'assistance de quelque bonne âme, voyagea en France, et s'embarqua à

Marseille pour l'Italie, c'est un récit plein d'intérêt qu'on peut lire dans ses Mémoires, mais qui nous mènerait trop loin de notre but; cependant il faut connaître les principales épreuves dans lesquelles s'était trempée cette énergie indomptable et toujours renaissante qui fit plus tard la force et le succès du fondateur de la Virginie.

A bord du vaisseau que montait Smith se trouvait une nombreuse compagnie de catholiques de toute nation, allant à Rome pour accomplir leurs vœux. Une tempête violente les force à relâcher à Sainte-Marie. Les passagers croient reconnaître dans cet accident un avis secret du ciel qui leur témoigne ainsi son déplaisir de les voir en compagnie d'un hérétique. Ils ne peuvent contenir leur humeur et se répandent en propos malsonnants contre l'honneur de la reine Élisabeth. Le bon ecclésiastique, Henri Warton, qui a écrit la vie de Smith, ne pouvait laisser son héros impassible en face d'un pareil blasphème, et il le montre un gourdin à la main, prêt à châtier la témérité de langue des pieux pèlerins; mais cette œuvre méritoire ne paraît pas avoir eu un grand succès, car on finit par jeter Smith à la mer : heureusement il était assez près de l'île Sainte-Marie pour pouvoir se sauver à la nage.

Recueilli sur un vaisseau français qui faisait voile pour Alexandrie, et qui pouvait bien être un corsaire, il prit part à un combat engagé par une espèce de *malentendu* contre un riche bâtiment de Venise, dont la cargaison devint la proie des vainqueurs. Smith avait partagé les dangers, il partagea le butin, et reçut cinq cents sequins, sans compter certaine cassette « *a little box* » qui en valait bien autant. C'était de quoi l'aider à faire agréablement un voyage de plaisir dans toute l'Italie. Mais, fidèle à ses premiers desseins, il traversa la Dalmatie, l'Albanie, l'Esclavonie, et se rendit à Gratz en Styrie, résidence de l'archiduc d'Autriche Ferdinand, depuis empereur d'Allemagne.

La guerre était alors allumée entre l'empereur Rodolphe et Mahomet III. Les souhaits de Smith furent exaucés, il entra comme volontaire dans l'armée impériale. Les Turcs pressaient alors le siége d'Olympach en Hongrie; la garnison était aux abois : Smith se chargea de communiquer avec elle, et, par un stratagème renouvelé de Polybe, je crois, il fit parvenir au gouverneur un avis utile pour combiner leurs attaques. Le stratagème réussit [1]. La ville fut dégagée; les Turcs, pris entre deux feux, perdirent beaucoup de monde. Smith y gagna le commandement d'une troupe de deux

1. Au moyen de torches allumées pendant la nuit, il composa une espèce de télégraphe qui porta à Olympach le message suivant : « Jeudi soir je ferai une attaque à l'est : faites une sortie en même temps. »

cent cinquante cavaliers dans le régiment du comte Meldritch.

En 1601, l'empereur ayant mis le siége à son tour devant une ville de Hongrie, l'esprit inventif de Smith le rendit encore très-utile : il imagina une sorte de bombe ou de grenade qui incommoda fort la place et aida grandement à la réduire. Les Turcs furent si sensibles à cette perte que le pacha de Bude, prisonnier à Vienne, en recevant la fatale nouvelle, resta tout un jour la face prosternée contre terre, sans vouloir prendre de nourriture.

Dans le cours de cette guerre, Smith, entraîné par son service au siége d'une autre ville sur la frontière de Transylvanie, eut l'occasion d'y faire de véritables prouesses de paladin. La ville était bien gardée, la position forte, la garnison composée d'un mélange de Turcs, de Tartares, de brigands et de renégats prêts à tout. Les forces des assiégeants n'étaient pas considérables ; le siége traînait en longueur, et les chrétiens se voyaient en butte aux insultes de leurs ennemis. L'un d'eux, le seigneur *Turbaschaw*, d'un grand renom à la guerre, envoya un défi à tout capitaine de l'armée chrétienne qui voudrait se mesurer avec lui en combat singulier : son cartel portait bien le cachet de l'époque, car il spécifiait que c'était à cette fin d'amuser les dames de Régal, « qui avaient grande envie de voir quelque passe-temps agréable. » Il se présenta bien des champions ; mais le sort, qui devait décider du choix, prononça en faveur de notre jeune aventurier.

Au jour fixé pour le combat, les dames, en effet, vinrent, comme les soldats, se ranger autour des remparts. Turbaschaw entra dans la lice, couvert d'une armure splendide, où brillaient l'or et les pierreries : « à ses épaules était attachée une paire de grandes ailes, formées de plumes d'aigle plantées dans une gaîne d'argent, richement garnie d'or et de pierres précieuses. » Il était suivi de trois janissaires dont l'un portait sa lance ; les deux autres marchaient de chaque côté de son coursier. Smith ne fit pas tant de façons : il n'avait qu'un page pour porter sa lance ; il passa devant son adversaire avec un salut des plus courtois. Puis, au son de la trompette, ils se rencontrèrent à mi-course, et la lance du chrétien, d'un coup bien assuré, au travers de la visière de l'élégant pacha, lui pénétra dans la cervelle, et le jeta sans vie sur le sable. On lui coupa la tête, qui fut portée en triomphe à l'armée chrétienne.

Il y eut un grand émoi dans Régal, et sur-le-champ un des amis de Turbaschaw, Grualgo, brûlant de venger l'affront fait aux enfants de Mahomet et la mort de son ami, envoya à Smith un cartel particulier qui fut accepté, et ne tourna pas mieux à l'honneur des assiégés. Smith, légèrement blessé, tua l'homme, et s'appropria son cheval et son armure : c'étaient les conditions du combat. Puis, avec la permission de son général, il envoya dans la ville un message pour annoncer aux dames qu'il était prêt à leur donner quelque nouveau divertissement, si cela pouvait leur plaire. Le gant fut relevé et les dames de Régal eurent encore de quoi s'amuser cette fois, grâce à l'aimable gentleman, en voyant leur troisième champion pourfendu par ce terrible paladin.

L'armée chrétienne fit des ovations à son héros; le général lui fit don d'un cheval magnifiquement harnaché, d'un cimeterre et d'une ceinture de trois cents ducats, et son colonel le comte Meldritch y ajouta un honneur plus solide, en le nommant major de son régiment. Ce ne fut pas tout : quand la place fut prise, et la garnison passée au fil de l'épée, le prince de Transylvanie fit cadeau à Smith, pour le récompenser de sa valeur, de son portrait monté en or et d'une pension annuelle de trois cents ducats. Il y joignit des lettres de noblesse et une cotte d'armes, portant trois têtes de Turcs[1] dans un écu, avec cette devise : « *Vincere est vivere.* » Ces lettres furent plus tard reçues et en-

1. C'est en souvenir de cette triple victoire que Smith, ayant découvert, en 1614, les trois petites îles du cap *Anne*, leur donna le nom des *trois têtes de Turcs*. Elles s'appellent aujourd'hui *Straitsmouth*, *Thatcher's* et *Milk* Islands.

registrées au collége héraldique d'Angleterre, par sir William Segar, en sa qualité de héraut d'armes de la Jarretière.

Ici la scène change, et, sans être moins émouvantes, les aventures de Smith sont loin de répondre au bonheur d'un pareil début.

Dirigé quelque temps après, avec son régiment, sur la Valachie, il se laissa surprendre dans une embuscade, où le courage désespéré de l'armée chrétienne ne les empêcha pas d'être taillés en pièces; Smith, blessé dangereusement et laissé pour mort sur le champ de bataille, fut ramassé par les Turcs, qui jugèrent à la richesse de son armure qu'ils pouvaient tirer parti de cette capture : on pansa ses plaies, on rétablit sa santé, puis on le mena avec beaucoup d'autres prisonniers à Axiopolis, où « ils furent tous vendus comme des bestiaux en un champ de foire. » Ce fut le pacha Bogall qui se rendit acquéreur de Smith; il le destinait en présent à sa maîtresse, la belle *Tragabitzanda*, nom cher à la reconnaissance de Smith, qui plus tard essaya, mais sans succès, de l'immortaliser en Amérique[1]. L'amoureux pacha crut donner un nouveau prix à son cadeau en représentant Smith comme un noble bohémien,

1. En 1614, ayant découvert le promontoire septentrional de la baie de Massachusetts, il lui donna le nom de *Tragabitzanda*. C'est aujourd'hui le cap *Anne*.

qu'il avait fait prisonnier à la guerre. Il n'avait pas compté sur l'intérêt que sa jeune amie prit tout à coup au sort de son nouvel esclave. La langue italienne, qu'ils parlaient tous les deux, aida facilement Smith à confondre l'imposture du pacha. Tragabitzanda, plus émue que jamais en faveur des infortunes du jeune Anglais, adoucit de tout son pouvoir les peines de sa captivité. Mais elle comprit le danger de cette situation et crut rendre service à son protégé en l'adressant à son frère Timour, pacha de Nalbritz, en Tartarie, sur les bords de la mer d'Azof.

Les tendres aveux que laissait apparemment échapper Tragabitzanda, dans l'expression chaleureuse de ses recommandations à son frère, loin d'intéresser celui-ci au sort du malheureux Anglais, lui firent monter le rouge au visage, et non-seulement il confondit Smith dans la tourbe ignoble des autres esclaves, mais il ne manquait pas une occasion de lui faire payer, par les traitements les plus humiliants, l'insolence d'avoir su plaire à sa sœur. Un jour enfin, poussé à bout par un outrage violent, Smith, qui pour lors battait en grange, dans une ferme de Timour, saisit à deux mains son fléau et fit sauter la cervelle de son tyran. Il ne lui fallut pas de longues réflexions pour comprendre le sort dont il était menacé. Par un instinct rapide, il endosse les riches habits du pacha, cache son cadavre sous les gerbes, monte son cheval et galope du côté du désert. Après avoir erré sans but pendant quelque temps, son étoile le dirige sur la route de Russie; au bout d'un voyage fatigant et périlleux, qui avait duré seize jours, il arrive à Écopolis, sur la rivière du Don : les Russes y tenaient garnison. Le gouverneur, après s'être fait raconter en détail l'événement de sa fuite, brisa le carcan d'esclave qu'il portait encore à son cou, fit tomber ses fers et le traita avec tant de bonté qu'il se crut ressuscité : puis la bonne *Calamata* pourvut amplement à ses besoins. Calamata, c'est encore le nom d'une femme dont l'intérêt s'éveilla au récit des malheurs de Smith. Les femmes étaient naturellement appelées à jouer un grand rôle dans la vie d'un homme dont l'intrépidité, les périls, les misères avaient tant de droit à leur sympathie, et nous devons au caractère de Smith ce témoignage que, partout dans ses écrits, sa reconnaissance pour elles s'exprime toujours dans des termes pleins de modestie, faisant honneur à leur douceur et à leur bonté naturelles d'un intérêt qu'avec un peu de vanité il aurait pu attribuer à des sentiments plus tendres.

Grâce à la protection du gouverneur, Smith put traverser en paix la Transylvanie, et retrouver à Leipzig son vieux colonel, le comte de Meldritch.

Mais il s'arracha bientôt aux embrassements de ses amis pour aller se reposer dans son pays de ses fatigues. Cependant il se passa la fantaisie d'aller voir auparavant au Maroc s'il n'y aurait pas encore là quelque bon coup d'estoc à donner dans la guerre civile qui divisait les Maures; mais, s'étant assuré sur les lieux que les deux partis ne valaient pas mieux l'un que l'autre, il réserva son courage pour une meilleure cause, et s'embarqua sur un bâtiment français, qui livra, en revenant, un combat désespéré à deux vaisseaux de guerre espagnols; enfin, en 1604, il rentra dans sa patrie.

CHAPITRE XI.

Smith, de concert avec Gosnold, monte une expédition pour coloniser la Virginie. — Expédition commandée par Newport. — La colonie s'établit à Jamestown (1607). — État moral de la colonie. — Le capitaine Smith quitte la colonie et retourne en Angleterre (1610). — Son éloge. — Découragement de la colonie. — Lord Delaware est nommé gouverneur de la Virginie.

Gosnold revenait aussi de son voyage sur les côtes de la Nouvelle-Angleterre : il était plein d'enthousiasme pour la richesse et la magnificence de ce pays; il pressait le gouvernement et le commerce d'y envoyer au plus tôt des colonies. Un certain attrait naturel poussa l'un vers l'autre ces deux hommes à l'imagination vive, au cœur chaud, aux résolutions hardies. Smith entra avec ardeur dans les vues de Gosnold, et devint l'âme de l'expédition. Ce fut sans doute son importance même qui lui attira l'inimitié de Wingfield. Ce prudent représentant des intérêts commerciaux qui faisaient le fond de l'entreprise ne pouvait voir qu'avec inquiétude l'ascendant que le caractère franc et généreux, les sentiments élevés et chevaleresques, la réputation brillante du capitaine Smith lui donnaient naturellement sur tout le corps de l'émigration. Il craignit de voir échapper de ses mains l'autorité dont la compagnie de Londres l'avait revêtu, et crut l'affermir en séquestrant son rival prétendu jusqu'au débarquement.

Le voyage fut long. Newport, commandant de la petite escadre, ne connaissait que la vieille route, celle des Canaries et des Indes occidentales. Poussés par un orage vers la baie de Chesapeake, ils en reconnurent les côtes et finirent par fixer leur choix sur la presqu'île de Jamestown pour y établir leur colonie.

Elle devait lutter longtemps contre de grandes difficultés avant de prendre une assiette solide. Deux causes principales arrêtèrent l'élan de sa prospérité. Sa constitution d'abord : la compagnie qui faisait les fonds de l'entreprise ne considérait les émigrants que comme des instruments de sa fortune; elle se réservait les bénéfices, en les tenant à ses gages comme des mercenaires. Ce n'étaient point des colons, à vrai dire, c'étaient des manœuvres ou des commis au compte d'une maison de commerce, raison Wingfield et compagnie. Ils n'étaient pas même relevés à leurs propres yeux par une certaine indépendance politique. L'administration de Jamestown était livrée tout entière à deux pouvoirs dont ils n'avaient pas l'élection : le premier était un *conseil supérieur* résidant à Londres, nommé directement par le roi ; le second était un *conseil local* résidant en Amérique, nommé et dirigé par le conseil de Londres. Tout avait été prévu et réglé d'avance dans un code de lois, dont la vanité du monarque anglais avait pris plaisir à dessiner les premiers traits.

Mais un obstacle plus insurmontable arrêtait le développement de la prospérité de l'établissement : c'était l'immoralité des membres dont il se composait. L'honnête Hunt, le ministre qui s'était dévoué à les accompagner, reconnaissait qu'il y en avait, même parmi les chefs, « qui ne valaient guère mieux que des athées. » La seconde expédition, qui suivit de près la première, n'était pas de nature à changer le caractère de la colonie. C'étaient des vagabonds du grand monde, ou des orfévres ruinés qui tournaient tous les efforts de leurs compagnons vers la découverte de quelques grains d'or : « on ne parlait plus à Jamestown que de déterrer de l'or, de laver de l'or, de raffiner de l'or, de charger de l'or. » Newport, partageant ces espérances insensées, crut avoir fait une brillante fortune en s'embarquant pour l'Angleterre sur son vaisseau chargé d'une terre sans valeur.

Smith avait bien raison quand il écrivait au conseil de Londres : « Pour Dieu, quand le vaisseau reviendra, envoyez-moi trente ouvriers, des charpentiers, ou des laboureurs, ou des jardiniers, ou des pêcheurs, ou des forgerons, ou des bûcherons, bien outillés, plutôt qu'un millier de gens comme ceux que nous avons ici. » Pour toute réponse, on lui envoya une nouvelle cargaison de mauvais sujets, embarqués pour les soustraire aux suites de quelque affaire périlleuse : des banqueroutiers, des gentlemen ruinés dans leur honneur et dans leur fortune, des libertins et des débauchés.

Avec de pareils éléments, la colonie ne méritait pas de réussir. Comment s'étonner si son histoire ne présente dans les premiers temps que des discordes sans fin et une misère désolante ? Leur petit nombre, leurs habitudes de paresse, l'hostilité des tribus indiennes qui les entouraient, les chaleurs, pour eux intolérables, d'un été américain, les maladies engendrées par un climat humide et par des provisions gâtées en mer, les livraient à toutes les chances de destruction. « Notre boisson, disaient-ils, n'était qu'une eau malsaine; nos logements, des châteaux en l'air. Ah! si nous avions été purs de tout autre péché, comme nous l'étions par force de l'ivrognerie et de la gourmandise, nous aurions pu être canonisés comme saints. »

Tels étaient les hommes que l'historien de l'Amérique répudie avec raison comme ses aïeux. « Ce n'était pas la volonté de Dieu que le nouvel

État fût créé de ce limon, ni que de telles gens devinssent les ancêtres d'une race indigène, destinée à fonder la liberté américaine par son éloquence, à la défendre par sa valeur. »

L'exemple des autres établissements tentés auparavant, et toujours sans succès, dans des conditions analogues, nous autorise à croire que celui-ci aurait bientôt suivi leur fortune et disparu comme eux, sans les efforts énergiques de John Smith. Lui seul donna à cette colonie naissante un relief sans lequel elle serait confondue dans le récit triste et monotone des entreprises avortées.

Nous l'avons laissé emprisonné à bord sous l'inculpation d'un complot dont Wingfield fut bien embarrassé de le convaincre, quand une fois ils furent débarqués. On aurait voulu assoupir l'affaire, en rendant à Smith sa liberté : il exigea qu'on lui rendît en même temps l'honneur, par un jugement en règle qui le renvoya complétement absous, et condamna le président à une amende de deux cents livres. Les désordres se succédèrent; le président Wingfield déposé fut remplacé par l'imbécile Ratcliffe, sans profit pour les affaires de la colonie. Dégoûté de ces ignobles débats, où son esprit élevé ne trouvait pas à se satisfaire, Smith se réserva le côté périlleux de l'entreprise : les découvertes dans l'intérieur des terres, les négociations avec les naturels, la direction du service militaire. Nous reprendrons le fil de cette vie romanesque quand nous aurons à décrire les mœurs des peuples sauvages chez lesquels il brava tant de dangers; nous avons hâte de quitter le foyer corrompu d'une troupe d'aventuriers sans principes, pour retourner à nos pèlerins.

Smith lui-même, après des efforts inouïs de constance et de courage, voyant ses services méconnus par la compagnie de Londres, qui ne trouvait pas que son entreprise lui rapportât assez d'argent, mécontent de l'esprit de la colonie, blessé d'ailleurs dangereusement par une explosion de poudre et accablé de souffrances, quitta, vers 1610, la colonie de Jamestown pour retourner en Angleterre.

Il délégua, en partant, à Percy l'autorité qu'on avait fini par lui faire accepter après la démission de Ratcliffe. Pour tout prix de ses services, il emportait dans son pays des plaies douloureuses et l'ingratitude des entrepreneurs de la colonie. Ses sacrifices, ses dangers, son zèle ne reçurent pas en récompense un pouce de terre, ni la maison seulement qu'il avait bâtie lui-même, ni le champ qu'il avait semé de ses mains, rien enfin que la conscience d'avoir fait le bien, et plus tard l'admiration de l'Amérique.

C'est lui qui fut réellement le père de la Virginie, le vrai chef de tribu qui planta la race saxonne sur les premières frontières des États-Unis. Au milieu du découragement général, son jugement était toujours resté inébranlable. Il suffisait de son courage et de son sang-froid pour accomplir ce que le désespoir des autres déclarait impossible. Son esprit inventif était inépuisable, son exécution rapide. Les persécutions de l'envie la plus acharnée ne laissaient pas de fiel dans son cœur contre ses ennemis. Il n'envoyait pas ses hommes au danger, il y marchait à leur tête. Dans ses biographies, l'esprit exact des Américains lui fait grand honneur de ce qu'il savait se résigner aux privations sans emprunter pour ses besoins : il serait mort de faim plutôt que de ne pas payer.... *starve sooner than not to pay*. Il n'y avait rien en lui qui sentît le mensonge ou la dissimulation ; c'était une nature loyale, honnête, sincère ; et, lorsque autour de lui chefs et colons cherchaient tous en Virginie de l'or et des fortunes rapides, il eut le bon esprit de penser et le courage de répéter toujours « qu'il ne fallait compter que sur le travail. »

Il laissait à son départ quatre cent quatre-vingt-dix colons bien pourvus, bien armés, bien approvisionnés. Six mois après, la désertion, la famine, les flèches des Indiens en avaient réduit le nombre à soixante. Encore étaient-ils si faibles, si abattus, si dénués de toutes choses que, si le secours qui leur parvint avait tardé dix jours encore, ils auraient péri jusqu'au dernier. Heureusement pour eux la petite flotte envoyée pour les ravitailler arriva assez tôt pour les sauver; mais, dans leur désespoir, ils résolurent d'abandonner le pays; ils voulaient même en partant brûler Jamestown, comme pour se venger des maux qu'ils y avaient soufferts : les prières du commandant purent seules les détourner de ce dessein. Ils avaient déjà descendu la rivière jusqu'à son embouchure, se dirigeant vers Terre-Neuve, quand ils rencontrèrent le bâtiment de lord Delaware, qui venait d'arriver à la côte avec une troupe nouvelle d'émigrants et des provisions. La honte fit rebrousser chemin aux fugitifs, qui retournèrent habiter le fort de Jamestown.

Il venait de s'opérer une demi-révolution dans l'administration suprême de la colonie. Lord Delaware en avait été nommé gouverneur et capitaine général à vie. C'était un homme d'un rang distingué et d'un caractère honorable. Son nom détermina beaucoup de gens à s'enrôler pour le nouveau monde, et l'expédition se trouva mieux composée. Malgré cela il se passa bien du temps avant que la Virginie reprît faveur dans l'opinion publique. Les bateleurs et les comédiens de bas étage en faisaient à Londres le sujet habituel de leurs dérisions. On le savait bien à Jamestown, car ils disaient dans le style mystique de leurs plaintes adressées en Angleterre : « Nos propres frères nous bafouent : il n'est pas jusqu'aux farceurs sur leurs tréteaux, la lie et l'écume de la terre, qui ne se moquent d'un peuple occupé à relever les murs de Jérusalem. »

Cependant, grâce à l'activité de *Dale*, le lieutenant de lord Delaware, de nouvelles recrues furent attirées par l'appât d'un sort plus doux. Chaque colon put espérer sa part de propriété dans ce grand territoire, jusqu'alors réservé tout entier à ses maîtres. On leur donna quelques acres par homme, pour qu'ils en fissent leur jardin ou leur verger, un lieu de plaisir ou de produit, à leur guise. D'autres, en payant à la compagnie douze livres et dix schellings, devenaient acquéreurs de cent acres de terre; d'autres enfin voyaient rémunérer leur travail par quelques donations du même genre. A compter de ce jour, l'instinct de la propriété intéressa les colons au sol; la culture y gagna tout d'abord. L'esprit de liberté s'éveilla et conquit bientôt des concessions importantes. La loi martiale qui était en vigueur dans le pays céda à un régime moins absolu. L'autocratie du gouverneur fut limitée par l'établissement d'un conseil muni de pouvoirs suffisants pour redresser ses torts. Enfin, en juin 1619, Jamestown vit dans ses murs la première assemblée coloniale de la Virginie. Le gouverneur, le nouveau conseil, et deux représentants de chacun des onze *bourgs*, qui prirent de là leur nom de *bourgeois* (burgesses), constituèrent le premier corps représentatif d'une assemblée populaire dans l'hémisphère occidental. C'est devant elle que devaient se débattre toutes les questions de nature à intéresser la prospérité de la colonie. Ses résolutions cependant ne pouvaient avoir d'effet qu'après avoir été ratifiées par la compagnie de Londres.

La Virginie ne fut plus autant un objet de mépris dans le peuple. Les femmes mêmes, qui jusque-là avaient répugné à passer dans ce pays, se montrèrent moins rebelles aux vœux exprimés par la colonie. Nous trouvons dans une feuille de chargement de navire, sur la liste des colis et des provisions envoyés en Virginie dans l'année 1619, un item de « quatre-vingt-dix personnes agréables, jeunes et pures (*incorrupt*), » qui, séduites par l'état plus prospère du pays, et sûres d'un gracieux accueil, s'embarquent volontairement. Elles furent transportées aux frais de la corporation, et mariées, en arrivant, aux fermiers de la compagnie, ou à d'autres colons capables de soutenir un ménage : comme avant-goût de leur bonheur, ils commencèrent par rembourser les frais du passage, qui furent rigoureusement exigés. Ce n'était d'abord de la part des sociétaires de l'entreprise qu'une spéculation commerciale qu'ils avaient risquée à tout hasard. Mais, quand ils virent qu'elle avait si bien réussi, dès l'année suivante ils expédièrent un autre chargement composé de « soixante jeunes filles de vertueuse éducation, jeunes, belles, et munies d'excellentes recommandations. » Comme elles n'étaient cotées qu'au prix de cent vingt à cent cinquante livres de tabac, la compagnie fut bientôt rentrée dans ses fonds; d'autant plus qu'une dette de ce genre fut considérée comme dette d'honneur, et payable avant toute autre. Ces premiers liens domestiques devaient amener en peu de temps des habitudes et des sentiments plus honnêtes. Lorsque les pèlerins de Leyde tournèrent leurs yeux vers le nouveau monde, la Virginie commençait à justifier la prédiction de Shakspeare qui promettait à sa patrie la possession d'un hémisphère et représentait dans ses vers le roi Jacques, le patron des colonies, sous l'image « du cèdre des montagnes, étendant ses branches protectrices aux plaines qui l'entourent. »

« Wherever the bright sun of heaven shall shine,
« His honour and the greatness of his name
« Shall be, and make new nations. »

« Partout où l'astre brillant des cieux portera ses rayons, là l'honneur de mon prince et la grandeur de son nom iront faire germer des nations nouvelles. »

CHAPITRE XII.

Négociation des pèlerins de Leyde avec le roi Jacques Ier et la compagnie de Virginie pour se faire autoriser à s'établir en Amérique. — Conditions de cette autorisation. — Leur départ de Leyde. — Leurs adieux à leurs frères de Hollande. — Leur départ d'Angleterre sur *le Mayflower*. — Leur traversée. — Contrat social dressé à bord et signé par eux, en vue des côtes de l'Amérique, avant leur débarquement (11 novembre 1620). — Ils abordent en dehors des limites de la Virginie, sur le territoire de la *Nouvelle-Angleterre*.

Deux années s'écoulèrent avant que les délégués des pèlerins pussent conclure en Angleterre une convention pour leur passage en Amérique. Il fallut des négociations avec la couronne et avec la compagnie de Londres, qui avait obtenu la propriété du territoire où ils demandaient à s'établir. Il ne tenait qu'à eux d'éviter ces lenteurs, s'ils avaient voulu se montrer moins délicats sur les conditions. Leur bonne renommée explique les offres qu'ils reçurent d'abord des Hollandais, puis du conseil de Virginie, pour les incorporer avec leurs colonies. Mais aux premiers ils avaient à répondre qu'ils voulaient rester Anglais; quant aux autres, bien des raisons leur firent refuser les propositions qui leur vinrent de là. D'abord ils n'avaient pas grande estime pour la société dans laquelle on offrait de les recevoir; ils s'estimaient assez eux-mêmes pour ne point se mésallier avec un peuple de caractère douteux, et tenaient à garder pure leur foi et leur honnêteté : « Nous sommes, » disaient-ils dans leur correspondance avec le conseil de Virginie, « des gens laborieux et sobres, autant que qui que ce soit au monde : nous ne formons qu'un corps, unis entre nous dans le saint amour du Seigneur, dévoués tous ensemble au bien de chacun, et chacun en particulier au bien de tous. »

Une des lois primitives qui régissaient la Virginie déclarait spécialement que la religion y serait conforme aux doctrines et aux rites de l'Église d'Angleterre : pas un émigré ne pouvait se soustraire à l'*allegiance*[1] ni professer quelque dissidence du symbole royal (*royal creed*). Il n'y avait pas d'apparence que les pèlerins eussent quitté leur patrie, douze ans auparavant, pour ne point subir ce joug, et qu'ils allassent maintenant l'accepter au delà des mers. La liberté qu'ils avaient cherchée et conquise, ils voulaient en jouir. On leur laissait bien entrevoir qu'une fois là-bas on ne serait pas ri-

1. Le serment d'*allegiance* était un serment « de soumission et d'obéissance au roi, comme souverain temporel, indépendant de tout autre pouvoir sur la terre. » Il avait été institué en 1605.

goureux dans la recherche de leurs opinions; mais c'était une promesse bien douteuse, et ils demandaient que le sceau du roi servît de garantie à leur indépendance religieuse. Du reste ils ne s'écartaient pas des termes de soumission et de respect qu'ils entendaient conserver toujours envers leur souverain. Demandait-on qu'ils prêtassent le serment d'allégeance, ils le prêteraient. Si même on exigeait celui de suprématie[1], ils ne s'y refuseraient pas encore. Ils allaient plus loin, et pour qu'on ne s'exagérât pas les dissidences de leur culte, ils adressèrent un document signé de leurs pasteurs (Robinson et Brewster), où ils se rattachaient à l'Église réformée de France, sauf quelques différences légères dans la pratique, comme celle-ci : « Leurs ministres prient la tête couverte, les nôtres se découvrent la tête, etc.... »

Enfin en 1619, après bien des pourparlers, ils obtinrent des lettres patentes, scellées du sceau de la compagnie de Virginie, pour s'établir au nord de son territoire et y former à part une corporation distincte. Nous n'en connaissons point les termes : il serait curieux de les connaître; mais, comme elles ne leur furent d'aucun usage, elles se perdirent de bonne heure. Les colons eux-mêmes

1. C'était le serment de reconnaître le roi pour chef de l'Église d'Angleterre : à l'avénement d'Élisabeth, en 1558, il fut exigé de tous les fonctionnaires civils et ecclésiastiques.

ne purent savoir, au bout de peu de temps de séjour en Amérique, ce qu'elles étaient devenues.

Quoi qu'il en soit, ils durent songer alors aux préparatifs du voyage : il fut convenu que la première expédition se composerait de ceux qui étaient prêts à partir, et qu'ils iraient prendre possession du pays sous la conduite de M. Brewster; M. Robinson resterait provisoirement avec les autres. Les premiers se mirent en devoir de vendre leurs biens et d'en verser l'argent à la masse, dont les administrateurs devaient disposer pour faire des approvisionnements en commun. Puis ils traitèrent aux conditions suivantes avec des négociants qui voulurent bien faire les frais de l'entreprise.

« Le fonds commun se composait d'actions chacune de dix livres (deux cent cinquante francs). — Chaque colon avait droit à une action. — L'association des bailleurs de fonds et des colons devait durer sept ans, au bout desquels tous profits et bénéfices résultant du commerce, trafic, échange, travail, pêche et autres ressources de la colonie, les maisons, les terres, meubles et biens seraient partagés entre les actionnaires au prorata de leur mise originelle. — La colonie prendrait ses frais de nourriture et d'entretien sur le fonds commun. »

Les pèlerins avaient voulu d'abord faire insérer dans l'acte deux clauses, auxquelles ils durent renoncer sous peine de rompre toutes négociations avec la compagnie. Ils demandaient que chaque planteur, au bout de sept ans, gardât pour lui, sans partage, la maison qu'il aurait bâtie, le jardin et le clos qu'il aurait plantés. De plus, ils voulaient se réserver deux jours de la semaine pour soigner leurs propres intérêts et donner par leur travail quelque confort à leurs familles.

Ces deux conditions refusées, leur sort était, comme on voit, bien pénible. Leurs bras pendant sept ans ne leur appartenaient plus ; ils les avaient loués à la communauté pour les divers travaux de la culture et de la pêche. Si dures qu'elles puissent paraître, ces conditions ne firent pas non plus la fortune des actionnaires, à peu près au nombre de soixante-dix, généralement attirés à cette association par un sentiment de bienveillance pour une cause religieuse qu'ils voulaient servir, plutôt que par l'espérance d'un bénéfice considérable.

C'est bien à tort que Robertson et d'autres historiens après lui ont représenté les colons de New-Plymouth comme des utopistes qui avaient mis tous leurs biens *en commun* par imitation de la primitive Église. Je ne pense pas qu'on puisse trouver aucune preuve du vrai communisme dans l'histoire des premiers chrétiens ; mais à coup sûr le traité des pèlerins avec la compagnie prouve qu'ils ont subi seulement en cela des conditions imposées de créanciers à débiteurs, et qu'ils ne s'y sont résignés que faute de pouvoir faire mieux.

Enfin le jour du départ est arrivé; un petit vaisseau de soixante tonneaux environ, acquis pour transporter les pèlerins en Amérique et pour y rester à leur service, les attend à Delft-Haven : c'était un port à quelques milles de Leyde. Après s'être disposés à la séparation par un jour de jeûne et d'*humiliation*, ils se dirigèrent vers ce port, accompagnés de leurs frères qui devaient rester encore après eux. « Ils laissèrent cette bonne et agréable cité, qui avait été leur asile pendant près de douze ans; mais ils savaient qu'ils n'étaient que des *pèlerins* sur la terre : ils oubliaient donc tout cela pour lever les yeux vers le ciel, leur chère patrie, et le calme rentrait dans leurs esprits. »

« Le lendemain, le vent était favorable; ils montèrent à bord et leurs amis avec eux. C'est alors que devint surtout douloureux le spectacle de ce triste et funèbre départ. Que de soupirs, que de prières mêlées ensemble on entendait parmi eux! que de larmes coulaient de leurs yeux! que de paroles pénétrantes dont ils se perçaient le cœur! Les étrangers eux-mêmes, les Hollandais, sur le rivage, en étaient émus aussi jusqu'aux larmes, quoique, à vrai dire, ces marques et cette expression touchante d'une vive tendresse eussent bien aussi leurs consolations et leur douceur. Mais la marée, qui n'attend personne, donna le signal de la retraite pour ceux qui n'étaient pas du voyage; leur vénérable pasteur, tombant à genoux, et tous ses compagnons avec lui, se mit à les recommander à Dieu, les joues humides de pleurs, et à appeler sur eux sa bénédiction par les plus ferventes prières. Puis, avec des embrassements mutuels, et toujours pleurant, ils se dirent adieu : pour beaucoup d'entre eux, c'était le dernier adieu. »

Ils ne tardèrent pas à voir le port de Southampton, où ils allaient rejoindre un autre vaisseau, et prendre le reste de l'émigration; c'était de là qu'ils devaient traverser l'Océan pour le grand voyage.

Avant de mettre à la voile, ils entendirent la lecture d'une lettre que M. Robinson leur avait destinée. Elle était pleine d'utiles conseils ; il leur disait que son corps était enchaîné à Leyde, mais que son cœur les suivait partout. Il n'eut pas la consolation de voir de ses yeux le succès de son œuvre. Il mourut en 1625, ayant toujours désiré se réunir à la colonie, mais sans avoir jamais pu se soustraire au soin de son Église en Hollande; car un grand nombre y étaient restés, laissant leurs frères, désormais désignés seuls par le nom de pèlerins, accomplir sans eux ce grand travail.

Dès l'origine, ils éprouvèrent des contrariétés

inattendues. L'expédition mit à la voile le 5 août 1620; mais, le 13, ils rentraient dans le port de Dartmouth pour réparer un de leurs bâtiments, dont le capitaine déclara une voie d'eau. Ils se remirent en route le 2 septembre; mais ils n'avaient pas fait plus de cent lieues en mer qu'il recommença à témoigner des craintes pour une si longue traversée. Obligés cette fois de relâcher à Plymouth, il leur fallut se résigner à se contenter d'un vaisseau, et, par suite, à laisser en Angleterre une vingtaine d'émigrants.

Enfin, le 6 septembre, ils s'embarquent sur *le Mayflower*[1] (Fleur de mai). Ils ne se laissent point troubler par les tempêtes qui viennent les assaillir, ni par des accidents de réparation intérieure dans le vaisseau; ils poursuivent leur route, et, le 9 novembre, ils se trouvent, à leur grande satisfaction, en vue du cap Cod.

Combien de vaisseaux ont depuis labouré le même sillon tracé dans les mêmes eaux par *Fleur de mai*, sans réveiller dans les esprits le moindre intérêt! Pourquoi cette émotion dont on ne peut

1. *Fleur de mai* est un vaisseau fameux dans l'histoire de la colonisation de l'Amérique. Il fit aussi partie du convoi de Higginson pour Salem, et de la flotte qui, en 1630, porta Winthrop et sa colonie dans la baie du Massachusètts. Aussi les Américains reconnaissants ont-ils souvent reproduit son image dans leurs tableaux et même dans leurs livres, comme on fait du portrait d'un ancêtre.

ici se défendre devant une centaine de malheureux poussés vers cette côte? Ce n'est déjà plus l'attrait de la nouveauté qui nous charme : d'autres ont reconnu ce cap avant eux et l'ont même revêtu d'un nom qui ne prête guère à la poésie[1]. Quel est donc leur prestige? Il tient à la fois à l'immensité du succès qui a couronné leurs peines, à la faiblesse de leurs moyens, à la grandeur de leur courage, au sentiment élevé de piété qui, depuis leur origine, imprime à chacun de leurs pas un caractère particulier. Il faut étendre par la pensée la scène étroite qui s'offre en ce moment à notre vue. Ce point noir, perdu dans les flots, ce n'est pas une barque ordinaire : elle porte un monde. Ce cap, derrière ses bois sauvages, recèle la civilisation la plus hardie que l'homme ait jamais tentée. Il y a la religion future de tout un peuple dans l'hymne de reconnaissance qu'ils adressent à genoux sur le tillac « au Seigneur, Dieu du ciel, qui les a conduits sains et saufs sur un océan furieux, à travers tous ses périls et ses misères. » Bientôt après, en présence du territoire qu'ils vont féconder, ils se recueillent un moment, avant de prendre terre, pour régler entre

1. Le cap Cod ou *Morue*. Voici sans doute l'origine de ce nom. Bereton, qui accompagnait Gosnold dans son voyage en 1612, écrit dans son *Journal* : « En cinq ou six heures nous eûmes tellement encombré notre vaisseau de morues qu'il fallut en jeter ensuite beaucoup à la mer. »

eux, par un pacte solennel, les lois premières de leur société, comme s'ils étaient déjà dans le secret de ses hautes destinées. Il ne faut point s'étonner que l'Amérique ait fait, de la signature du contrat social des pèlerins à bord du *Mayflower*, le sujet d'une des grandes peintures nationales dont elle a décoré la rotonde du Capitole à Washington.

Voici le texte de cette déclaration, si différente de toutes celles auxquelles on a, depuis, donné le même nom, et peut-être unique dans l'histoire du monde :

« Nous, soussignés, les loyaux sujets de notre redouté souverain maître, le roi Jacques, roi par la grâce de Dieu de la Grande-Bretagne, de France et d'Irlande, défenseur de la foi, etc. :

« Ayant entrepris pour la gloire de Dieu et la propagation de la foi chrétienne, pour l'honneur de notre roi et de notre pays, un voyage afin de fonder la première colonie dans les contrées septentrionales de la Virginie, faisons, par le présent acte, solennellement et mutuellement, en présence de Dieu et de nous tous, un pacte pour nous constituer ensemble en une société politique à celle fin d'obtenir notre meilleure administration et conservation et l'accomplissement de notre but ; comme aussi pour porter, exécuter, établir en temps nécessaire, selon la justice et l'équité, les lois, ordonnances, actes, constitutions et autorités qui seront jugés les plus convenables et les plus propres au bien général de la colonie : leur promettant, comme il est dû, toute soumission et pleine obéissance.

« En foi de quoi nous avons ci-dessous signé nos noms.

« Au cap Cod, le 11 novembre, l'année du règne de notre souverain maître, le roi Jacques, sur l'Angleterre, la France et l'Irlande, la dix-huitième, sur l'Écosse la vingt-quatrième, l'an du Seigneur 1620. »

Suivent les signatures : elles sont au nombre de quarante et une ; mais ces quarante et un citoyens représentent cent personnes, nombre exact des émigrants, hommes, femmes et enfants, qui s'étaient embarqués à Plymouth. C'est le *livre d'or* des pèlerins.

Au bout d'un mois employé à reconnaître les côtes et à choisir un emplacement favorable pour y fixer leur course errante, au milieu d'un hiver dont ils ne connaissaient pas la rigueur, des écueils qui arrêtaient leur marche, et des tempêtes violentes, communes dans ces parages, le 12 décembre, la barque d'exploration descend sur le rivage Bradford, Winslow, Standish et quelques autres. Après un mûr examen, la place est trouvée bonne pour un établissement. En peu de jours, elle reçoit dans son port *Fleur de mai* avec ses passagers. En mémoire de l'hospitalité qui les avait accueillis à Plymouth, en Angleterre, lors de leur dernier départ, ils donnent le même nom à leur colonie naissante.

Le rocher sur lequel ils ont mis pied à terre pour la première fois n'a pas été oublié par la reconnaissance des citoyens de Plymouth : une tradition certaine l'avait toujours recommandé au pieux souvenir des États-Unis, lorsqu'en 1774 on essaya de le transporter dans un quartier plus central de la ville. Il fut brisé dans l'opération, mais on put en extraire un bloc du poids de plusieurs tonnes que l'on voit maintenant entouré d'une grille de fer, devant Pilgrim-Hall. « Ce rocher, dit M. de Tocqueville, est devenu un objet de vénération aux États-Unis ; j'en ai vu des fragments conservés avec soin dans plusieurs villes de l'Union. »

Le lieu où les pèlerins venaient d'aborder n'était pas dans les limites du territoire de la compagnie de Virginie : les lettres patentes qu'ils en avaient reçues leur étaient donc désormais inutiles. Il fallut se pourvoir devant le conseil de la reine pour se faire autoriser à nouveau. En attendant, ils se mirent à l'œuvre. Ils allaient avoir affaire à un sol bien nouveau pour eux, et à une race d'hommes également inconnue.

CHAPITRE XIII.

Description de la Nouvelle-Angleterre (*New England*). — Température. —Salubrité de l'air.—Pureté des eaux.— Bois et forêts. — Productions du sol. — Maïs. — Vignes. — Fruits. —Sassafras. —Végétaux d'usage domestique. — Baleines.— Poissons. — Gibier. — Dindons sauvages. — Pigeons. — Lions. — Loups. — Cerfs, daims. — Abondance de toutes choses.

Le pays où les pèlerins abordèrent faisait partie des côtes auxquelles le capitaine Smith avait déjà donné le nom de *Nouvelle-Angleterre*. Peut-être était-ce simplement un hommage qu'il avait voulu faire de ses découvertes à son pays. Cependant, dès leur arrivée, les colons trouvèrent que nulle autre terre, en effet, ne méritait mieux ce nom, par analogie avec la *vieille Angleterre* (old England). C'était d'abord un pays de plaines, sauf quelques montagnes peu élevées, à peu près comme les comtés de Kent et d'Essex, avec la même fraîcheur de vallées et de prairies, arrosé aussi par bon nombre de rivières et de fontaines. Winslow, après trois ans de séjour, déclare qu'il pourrait à peine faire une différence entre l'une et l'autre terre pour le froid, le chaud, la gelée, la neige, la pluie et les vents. « Il y en a, dit-il, qui prétendent que notre plantation, étant au 42e degré de latitude, doit nécessairement être beaucoup plus chaude. Je confesse que je ne puis donner de raison du contraire; mais l'expérience est là pour nous apprendre que, si la chaleur y est plus forte, c'est si peu de chose qu'il faut pour s'en apercevoir une sensibilité plus délicate que la mienne. »

Au contraire, Winslow a observé que, s'il y a quelque chose à dire, c'est que l'hiver y est plus long et plus vif qu'en Angleterre. Les pèlerins cependant, à leur arrivée, furent favorisés d'un hiver beaucoup moins rigoureux qu'il ne l'est d'habitude en ces climats. Avec tous les retards qu'ils furent obligés de subir dans leur voyage, ils n'auraient pu dans cette saison aborder, sans danger pour leur vie, au port où ils descendirent; il est ordinaire d'y trouver de la glace depuis Noël jusqu'en mars. Dudley, dans une lettre écrite, en 1631, à la comtesse de Lincoln, dit que les fondateurs de Plymouth eurent heureusement un hiver tel qu'il n'y en avait pas eu depuis lors.

Du reste, ils s'applaudirent de trouver la température de leur nouvelle patrie en parfaite harmonie avec les besoins de leur constitution anglaise : ils n'avaient à souffrir ni d'une chaleur étouffante ni d'un froid trop mordant, et ils bénissaient Dieu d'avoir permis que, malgré toutes les difficultés et les fatigues d'un premier établissement, leur santé se fût si bien soutenue qu'ils se seraient trouvés heureux d'en être quittes à si bon marché dans leur pays natal.

Les Anglais avaient pensé d'abord avec raison que la Nouvelle-Angleterre faisait partie du continent américain; mais, après plusieurs années de séjour, ils crurent qu'ils habitaient une île : c'était un rapport de plus avec leur patrie. Ils furent entretenus quelque temps dans cette erreur par les naturels.

La pureté et la salubrité de l'air faisaient dire à Higginson « qu'une gorgée d'air du pays valait mieux qu'une pleine rasade d'ale anglaise. » Ils le trouvaient plus clair et moins brumeux qu'on ne le leur avait fait espérer.

Si l'air valait mieux que l'ale de Londres, que devait-on dire de la qualité des eaux? Tous les navigateurs qui avaient visité ces côtes, depuis Bereton jusqu'au capitaine Smith, ne tarissaient point en éloges sur « ces sources abondantes d'une eau douce, pure, sortant du sein des rocs dont étaient formées les montagnes. » Higginson leur trouve un goût « friand » (*dainty springs*). Morton, pour la qualité, les met bien au-dessus des eaux de Chanaan; et, comme il suffit d'y gratter le sable pour en faire jaillir une fontaine, « les Abrahams et les Loths de notre temps, ajoute-t-il, n'auront pas de contestation pour leurs citernes. » C'était une grande douceur pour les habitants d'avoir une source particulière presque dans chaque maison. Aussi les colons qui fondèrent Boston furent-ils, comme on sait, déterminés dans leur choix par l'abondance des sources d'une eau douce et agréable qu'ils trouvèrent dans le voisinage.

Les récits des pèlerins sont donc unanimes à cet égard, et nous pouvons lire, dans le journal de Bradford, l'impression de plaisir qu'il ressentit en étanchant sa soif pour la première fois dans les eaux du pays. « — 16 novembre : sur les dix heures nous entrâmes dans une profonde vallée, pleine de buissons, de myrtes sauvages, et d'une herbe longue au travers de laquelle nous suivîmes de petits sentiers : nous y vîmes un daim, et nous y trouvâmes des sources d'une eau fraîche qui nous fit grande joie : nous nous assîmes et nous mîmes à boire notre premier verre d'eau de New-England, qui nous parut aussi délicieux que jamais autre liqueur dans toute notre vie. »

En général, la plaine était couverte de bois; mais on se fait souvent l'idée que ces forêts vierges, comme on les appelle, étaient rendues impénétrables par les lianes et les broussailles qui croissaient à l'ombre de leurs arbres tant de fois séculaires. On oublie que la race humaine n'était pas d'hier dans ce pays, qu'elle avait pratiqué et accommodé à son usage les lieux voisins de sa demeure. Les Indiens, pour éviter que les taillis et les buissons leur fermassent le chemin, pour donner plus d'espace à leurs chasses, peut-être aussi pour surveiller de plus loin la marche de leurs ennemis, avaient pour habitude de mettre le feu aux broussailles deux fois l'an, au printemps d'abord, puis à la chute des feuilles. Par ce moyen, dit Morton, « les arbres croissaient çà et là librement comme dans nos parcs, pour l'agrément et la beauté du paysage. » On pouvait y voyager à pied ou à cheval sans difficulté.

Je ne trouve trace nulle part, au milieu des productions du sol énumérées dans les récits primitifs, du blé de notre continent. La terre était très-propre à en recevoir la semence; on en fit l'essai tout d'abord, et l'on se promit bien, quand on aurait des bestiaux pour les engrais, de semer les grains d'Europe, le froment, le seigle, l'orge, les pois et l'avoine. Mais, en attendant, la nature avait offert aux colons, dans le maïs, un pain, pour ainsi dire, tout prêt.

Le maïs, sous des noms bien divers, se trouve partout en Amérique, depuis la terre des Patagons jusques au Canada : c'était le *tlaolli* des Mexicains, l'*ewachim* du Massachusetts et de la New-England, le *maïze* de Haïti. Après le froment et le riz, c'est le grain le plus estimé pour la nourriture de l'homme. On ne peut guère douter que ce ne soit un produit de l'Amérique, connu chez nous seulement depuis Christophe Colomb. Les premiers Européens qui pénétrèrent dans le Mexique et le Pérou le trouvèrent cultivé partout, et d'un usage général pour la nourriture des naturels. Les passages des auteurs anciens, grecs ou latins, où l'on avait cru le reconnaître, s'appliquent apparemment à d'autres grains. Les plus anciens voyageurs, en Chine, en Asie, en Afrique, dans leurs Mémoires où ils ont décrit si curieusement toutes les productions de ces diverses contrées, ne font pas mention du maïs. Acosta, dans son *Histoire des Indes*, publiée en 1596, n'hésite pas à le considérer comme un produit propre à l'Amérique, et en tire occasion de louer la providence de Dieu qui a pourvu chez nous par le blé à la nourriture de l'homme, et plus loin par le maïs à celle des Indiens.

Quoi qu'il en soit, le maïs croissait avec abondance dans les champs cultivés par les tribus indigènes, quand les pèlerins arrivèrent : ils en signalent même une variété singulière, portant sur son épi tricolore des grains jaunes, rouges et bleus. M. Young, dans une note sur le journal de Bradford, dit qu'elle est encore aujourd'hui commune à Truro. Ils trouvèrent dans les silos des Indiens des ressources utiles, en attendant qu'ils eussent eux-mêmes préparé leur terre pour cette culture.

Elle n'était pas bien difficile sur les côtes qu'ils avaient choisies. A défaut d'engrais domestiques, ils en avaient un excellent à leur porte; ils faisaient comme les Indiens qui n'avaient pas de bestiaux à l'étable : ils pêchaient leur fumier dans la mer. « Il y a un poisson, l'alose, qui remonte les rivières au printemps pour frayer dans les lacs. On le prend alors en si grande abondance dans toutes les rivières qui sont terminées par un lac, que les habitants en fument leurs terres. Vous verriez dans une commune cent acres à la fois préparées de cette manière : il faut environ mille aloses par acre. Cette préparation en triple le produit[1]. » Seulement, à l'époque des couvrailles, ils étaient obligés de faire tour à tour sentinelle pendant la nuit dans les champs pour empêcher les loups de venir dévorer le poisson, espérance de leur récolte : c'était l'affaire d'une quinzaine de jours.

Ils se flattèrent quelque temps d'avoir fait une découverte bien autrement précieuse. Ils trouvèrent de tous côtés des vignes rustiques, chargées « d'excellent raisin. » Il y avait des ceps qui portaient des fruits noirs, rouges et blancs. Le pays était si favorable à cet arbuste que, si les naturels n'avaient pas eu l'habitude d'y mettre le feu au printemps, il aurait bientôt couvert le pays et

1. *New English Chanaan;* — Morton.

formé une barrière impénétrable. « Les grappes ont quelquefois des grains aussi gros que des balles, et d'un excellent goût[1]. » Morton ajoute à ces détails, qu'il confirme de son témoignage, la description d'un autre raisin qui croît dans les îles voisines, et qui est à la fois « plus délectable et plus précoce. » Comment n'auraient-ils pas conçu l'espérance de trouver là des vins pour leur table? Illusion qui ne dura guère[2]! Heureusement l'eau de la Nouvelle-Angleterre était excellente.

Presque tous les fruits cultivés de leur sol natal s'y retrouvaient à l'état sauvage, mais avec un goût qui ne leur laissait point de regrets dans la comparaison qu'ils en pouvaient faire. La fraise, qui y croissait naturellement partout, n'était pas comme ces fruits dégénérés que nous honorons du nom de fraises des bois : il y en a qui ont « deux pouces de tour, » et elles se trouvent en une telle abondance qu'on peut aisément « en ramasser un boisseau dans une matinée. » On serait tenté d'accuser les récits contemporains de quelque exagération, si l'on ne lisait leur justification dans des écrits récents, qui doivent faire autorité pour nous. « La fraise sauvage ordinaire, dit Bigelow (*Plants of Boston*,

1. *New English Chanaan;* — Morton.

2. En 1629, la compagnie du Massachusetts, sur la demande de la colonie, qui voulait avoir des Français pour planter de la vigne, mit en effet sur sa liste des *vine-planters* (Original records).

Fragaria Virginiana), est un fruit véritablement délicieux, et, quand elle est cultivée, elle ne le cède qu'à bien peu d'espèces. Le fruit en est précoce, d'une couleur un peu écarlate, d'un parfum exquis; il est seulement plus tendre et se conserve moins que les autres. »

Tout le monde connaît aujourd'hui le noyer d'Amérique, transporté dans nos climats. Peut-être ses fruits ont-ils souffert de cette importation. Autrement, il ne faudrait pas prendre au mot les éloges que lui donne Wood, quand il dit qu'il est « un peu plus petit, mais non pas moins agréable au goût que la noix européenne. » Il est vrai que Morton en distingue quatre espèces, et qu'il en vante surtout le bois pour toutes sortes de travaux. Dans ce verger naturel qu'ils parcourent, les pèlerins notent encore avec intérêt les prunes blanches, noires et rouges, trois espèces « dont la saveur n'est guère inférieure à celle des prunes de Damas. » Les merisiers, enfin, s'y trouvent confondus au milieu des chênes, des pins, des frênes et des hêtres, des bouleaux, des noisetiers, des houx, des genévriers et des sapins. Car les bois de construction ne manquent pas non plus à la charpente ni à la marine.

Mais celui de tous qui semble avoir donné alors les plus belles espérances, et sans contredit le plus précieux pendant longtemps pour le commerce, c'est le sassafras. Que nous sommes loin du temps où le médecin Monardès publiait, à Séville (c'était en 1574), une *Histoire médicinale des plantes des Indes occidentales*. Après avoir énuméré toutes les vertus du sassafras dans les cas d'hydropisie, de fièvres malignes, de maladies du foie, etc. : « Béni soit notre Seigneur, ajoutait-il, qui nous a donné cet arbre si excellent, aux influences incomparables, aux effets merveilleux déjà décrits, sans compter ceux que le père des découvertes, le temps, nous fera découvrir encore ! » En effet, on attribua tout de suite aux racines et à l'écorce de cet arbre des propriétés miraculeuses en médecine. Combien n'en a-t-on pas chargé de vaisseaux pour l'Europe ! Du temps de Gosnold (1602), le sassafras se vendait, à Londres, trois schellings (trois francs soixante-quinze centimes) la livre. C'était donc, comme dit Bereton, un arbre « de grand prix et de grand profit. » Archer, qui était du même voyage, atteste « qu'en douze heures du sassafras en poudre guérit parfaitement un de leurs compagnons d'une indigestion qu'il s'était donnée en mangeant des intestins de chiens de mer, mets véritablement délicieux. » Au reste, c'est une panacée qui a fait son temps : elle serait d'ailleurs épuisée ; le sassafras ne se trouve plus au cap Cod qu'à l'état d'arbuste nain.

En bonnes ménagères, les femmes des émigrants ne virent pas non plus sans une satisfaction réelle que leurs jardins s'enrichiraient aisément d'une foule de productions naturelles, semblables aux simples, aux végétaux, aux fruits de leur première patrie ; elles y trouvèrent tous les légumes de l'ancien monde, ou peu s'en faut, depuis l'oignon jusqu'à l'oseille[1] (*sorrel*, *yarrow*, *carvel*, ...*great store of leeks and onions*). Il n'y eut pas jusqu'à la quenouille des vénérables pèlerines qui ne trouvât de quoi se couvrir dans les champs voisins, où elles cueillaient un lin particulier et une espèce de chanvre excellente; le brin en était même plus fin que celui d'Angleterre.

L'usage qu'ils faisaient des aloses pour engraisser leurs terres a déjà indiqué que le poisson ne manquait pas aux colons. En effet, le voisinage de la mer, le nombre des lacs, des étangs et des rivières préparaient à chaque coup de filet des pêches miraculeuses. Lorsque, avant leur départ de Leyde, les pèlerins avaient fait solliciter du roi Jacques une autorisation d'établissement dans la Virginie : « Quel genre d'industrie comptent-ils exercer ? demanda-t-il. — La pêche, répondit-on. — C'est

1. Je trouve dans le voyage de Standish contre les Indiens du Massachusetts, un *ground-nuts* que je prendrais volontiers pour des *pommes de terre*. « .... We were enforced to live on ground-nuts, clams, muscles, and such other things as naturally the country afforded. »

bien, dit-il, c'est une industrie honnête; c'était aussi celle des premiers apôtres. » Les délégués des pèlerins ne savaient pas si bien dire; la pêche fut, en effet, une de leurs grandes ressources de commerce et de subsistance.

La baleine se montre encore quelquefois en dehors du cap et dans la baie de Barnstable, mais elle pénètre rarement dans le port. Lorsqu'on en signale une, c'est une fête maintenant pour les bateaux nombreux, à la forme gracieuse, aux cinq couples de rameurs, qui se dessinent le long du rivage circulaire de cette baie magnifique. Mais, en 1620, les baleines venaient chaque jour se jouer auprès des colons. « Si nous avions eu des engins, quelles riches prises nous aurions faites! Les matelots exercés à la pêche qui se trouvaient à bord avec nous n'estimaient pas à moins de trois ou quatre mille pesant l'huile que nous aurions pu en tirer promptement.... Il en venait journellement de grande taille et de la meilleure espèce pour l'huile et les fanons, tout ras le bord de notre tillac, et nous les voyions, par le beau temps, nager et prendre leurs ébats. Il y en a une qui, sentant la chaleur du soleil, vint s'étendre à fleur d'eau, un bon bout de temps, comme si elle était morte, à demi-portée de mousquet de notre vaisseau. Deux des nôtres s'apprêtaient à tirer dessus, pour voir si elle bougerait ou non. Celui qui fit feu le premier, son fusil lui creva dans les mains, grâce à Dieu sans dommage pour personne. Mais quand la baleine vit qu'il était temps, elle se mit à souffler son jet d'eau, et puis.... au revoir[1]. »

C'était bien le cas de regretter que l'imprévoyance qui paraît avoir présidé à leurs approvisionnements de départ ne les eût pas mieux pourvus d'instruments de pêche. Un bon harpon eût mieux valu qu'un mauvais mousquet, en présence de la baleine. Pour des gens qui s'en allaient, au dire du roi Jacques, exercer l'*industrie des apôtres*, c'était une singulière distraction d'avoir oublié des nasses et même des hameçons : « Notre baie et ses criques étaient bien remplies de poissons, mais il nous aurait fallu de fortes seines, ou d'autres filets, et, comme nous n'en avions pas, ils trompaient tous nos efforts et nous échappaient. »

La chasse fournissait à leur table des produits qui n'étaient pas moins variés, selon les saisons. Au moment de la moisson, les oiseaux aquatiques venaient par troupes; aux approches de l'hiver, les dindons sauvages s'abattaient aussi dans leurs champs et dans les bois. Les dindons en particulier « étaient beaucoup plus grands que ceux d'Angleterre, excessivement gras, tendres et charnus. Ils sont si bien nourris tout le long de l'année, dans

1. *Bradford's and Winslow's journal.*

les champs de fraisiers qui rougissent la plaine en été, sans compter les autres fruits et les baies sauvages! » Les cailles, les perdrix et les pigeons formaient des bandes nombreuses. On peut s'en faire une idée par une lettre de lord Dudley à la comtesse de Lincoln, en 1631; il lui écrit du Massachusetts : « Le 8 mars, après une matinée très-claire jusques à peu près vers huit heures, tout à coup il passa sur toutes les bourgades de nos plantations de telles bandes (*flocks*) de pigeons, chacune en contenant plusieurs milliers, et si longtemps, que la lumière du jour en était obscurcie : c'était à n'y pas croire. Ces tourterelles, comme on put voir par celles qui furent tuées au vol, étaient un peu plus grosses que celles d'Europe : elles volaient dans la direction du nord-est au sud-ouest. » Le gouverneur Winthrop, en 1643, disait que « chaque bande pouvait contenir dix mille pigeons. » Les oies sauvages, depuis la Saint-Michel jusqu'au mois d'avril, restaient le long de la baie, ou passaient par bandes de deux ou trois mille : « J'en ai souvent eu mille à la fois au bout de mon fusil, » dit Morton.

Le long des lacs, dans les bois, la bête fauve n'était pas rare. S'il est vrai, d'après M. Young, qu'en 1831 on en ait tué dans le mois de janvier, près de Plymouth, cent soixante pièces, et pris quarante daims ou cerfs vivants, il est facile de concevoir qu'à l'époque de leur débarquement les pèlerins n'en chômaient pas. Du reste ils n'avaient guère à se défendre contre les animaux nuisibles : ils craignirent un moment le voisinage des lions, sur la foi de quelques personnes qui prétendirent en avoir vu un au cap Anne. D'autres assuraient qu'un Indien en avait tué à coups de flèches *un petit* qui était endormi sur un chêne renversé, et qu'il en avait vendu la peau aux Anglais. Enfin les colons entendirent souvent des cris affreux qu'ils attribuèrent à cet animal. Mais nul des auteurs que nous avons consultés ne cite quelque fait ou quelque témoignage assuré, et il est probable que le lion prétendu n'était qu'un chacal égaré, et que les Anglais avaient pris pour le rugissement du lion le hurlement des loups qu'ils ne connaissaient pas davantage dans leur pays. Le loup, en effet, à l'exception de quelques ours, était la seule bête qu'ils eussent à craindre. Ils venaient se repaître, dans les terres ensemencées, du poisson qu'on y avait déposé comme engrais, et Jean Bonhomme (John Goodman) ne dut pas être bien rassuré, lui qui n'en avait vu de sa vie, lorsqu'il se trouva, dans une scène d'ailleurs assez plaisante, en face de deux loups qui faisaient mine de le manger lui et son chien. « Le 19 janvier 1621, nous ne pûmes travailler, à cause de la pluie ;... le soir, John Goodman (c'était un des pèlerins) sortit un peu pour donner de l'exercice à son pied bien malade encore du refroidissement qu'il avait attrapé; il avait un petit épagneul avec lui. A quelques pas de la plantation, voilà deux grands loups qui se mirent à courir après le chien : la pauvre bête vint en grande hâte chercher un refuge entre les jambes de son maître. Jean Goodman n'avait rien à la main; il ramassa un bâton qu'il jeta à l'un d'eux, et l'atteignit : ce qui les fit fuir pour un moment, mais ils revinrent. Alors il prit à la main une planche de clôture : eux s'assirent sur leur queue en lui montrant les dents, durant un bon bout de temps, puis enfin ils le laissèrent là et s'en allèrent. »

Comme on le voit, pays pour pays, climat pour climat, les pèlerins anglais n'avaient point à regretter, quant aux ressources ordinaires de la vie, leur patrie, la vieille Angleterre. Bradford avait raison de dire : « Nous avons tout à souhait; » mais Winslow plus encore, lorsqu'il adressait, en 1623, aux émigrants en Angleterre, ces conseils pleins de sagesse :

« J'ai entendu des gens se plaindre des grands récits qu'on avait faits de la Nouvelle-Angleterre : et, en se voyant obligés de boire ici de l'eau et de se passer de bien des choses, ils s'en retourneraient volontiers maintenant, la bouche pleine de mauvais propos. Comment peut-il y avoir des esprits assez simples pour s'imaginer que les fontaines allaient leur distiller du vin ou de la bière, ou que les bois et les rivières seraient des étaux de boucher et des poissonneries toutes faites où ils n'auraient qu'à tendre la main pour emporter le poisson ou la viande? Si tu ne sais pas t'en priver, travaille donc pour t'en procurer; si tu ne veux pas t'en donner la peine et que tu n'aies aucun droit d'y employer les autres, reste où tu es; car un cœur fier et une dent dédaigneuse, avec une bourse de gueux et une main de fainéant, ne feront pas ici de bonnes affaires. »

CHAPITRE XIV.

Indigènes. — Idée approximative de leur nombre. — Le pays est dépeuplé par la peste (1617). — Leurs rapports antérieurs avec les blancs. — Ils ne sont plus si confiants qu'autrefois avec les Européens. — Leurs divisions intestines.

L'Amérique du nord, avant l'apparition des Européens sur ses côtes, n'était pas un désert. L'homme régnait là comme ailleurs. De quelle origine relevait-il? Pourquoi sa peau était-elle basanée et non pas blanche comme la nôtre? etc.... questions curieuses, mais secondaires, que nous abandonnons aux recherches des savants. Nous voudrions seulement qu'on n'eût pas trop souvent oublié que c'étaient des hommes. Ils vivaient en famille; ils avaient des lois, des mœurs. Ils parlaient un langage qui leur était propre. Ils connaissaient le bien et le mal : ils en faisaient remonter à Dieu l'origine, comme de toutes choses. Enfin ils étaient maîtres du pays en vertu du même titre qui fait que nous ne serions pas bien aises de voir des étrangers plus forts que nous venir nous prendre le nôtre et exterminer notre race.

Malheureusement l'histoire de ces premiers habitants de l'Amérique du nord est perdue pour nous, et nous sommes condamnés peut-être à ignorer toujours bien des choses qui jetteraient un grand jour sur la destinée que Dieu fait à chaque peuple dans le partage de l'humanité. Quoi qu'il en soit, il reste encore, dans les anciens récits sur les Indiens, assez de renseignements épars pour satisfaire en partie notre curiosité.

On peut se faire une idée approximative de leur nombre par les détails que Smith nous donne sur les environs de Jamestown. Dans un circuit de soixante milles il estime qu'il pouvait y avoir cinq mille âmes, dont à peine quinze cents guerriers. On a lieu de croire que les limites actuelles de l'État de Virginie pouvaient contenir vingt mille Indiens. Tout le territoire compris entre la mer et les montagnes était occupé par quarante tribus. Trente d'entre elles formaient, sous le gouvernement de Powhatan, une confédération dont Campbell porte le nombre à huit mille. Les Narragansetts, qui habitaient tout le territoire actuel de l'État de Rhode-Island, y compris les îles de la baie, pouvaient former à cette époque une population de trente mille âmes, dont cinq mille guerriers. Roger Williams dit qu'en voyageant l'espace de vingt milles on était toujours sûr de rencontrer une douzaine de bourgades (*towns*) d'Indiens. C'était une tribu puissante et nombreuse, une race martiale et formidable à ses voisins dans la guerre. Elle avait eu le bonheur d'échapper à la contagion du mal qui dépeupla son voisinage.

Car c'est encore une des particularités mystérieuses de l'histoire de ces peuples qu'à l'époque où ils auraient eu besoin de conserver toute leur prospérité et toute leur force pour résister à l'invasion des blancs, le ciel les avait affligés de fléaux si funestes qu'il y eut des tribus qui disparurent presque tout entières. Ainsi, trois ans avant l'établissement des pèlerins, les Massachusetts avaient été réduits de trente mille combattants à trois cents. « En passant le long de la côte, dit le capitaine Dermer, en 1619, j'y trouvai d'anciennes plantations naguère bien peuplées, vides aujourd'hui d'habitants. » « Dans un endroit, dit Morton, où il y avait bon nombre de gens, il n'en est resté qu'un vivant pour raconter le sort des autres, dont les os et les crânes répandus dans leurs habitations parlent assez d'eux-mêmes. » Bradford, dans un voyage qu'il entreprit au royaume de Nauset, fut témoin de la même désolation. « Le sol est très-bon sur les deux rives, et en grande partie défriché. Il y avait là des milliers d'hommes qui sont morts dans une grande épidémie, il y a peu de temps, et c'était grand'pitié de voir tant de bonnes terres, et si bien situées, sans personne pour les cultiver. » Dans une autre circonstance, en débarquant à Plymouth, il rencontra un Indien qui n'était pas de ces contrées, mais qui, lui montrant le pays nommé Patuxet, lui dit qu'il y avait quatre ans à peu près que tous les habitants de ce lieu étaient morts, emportés par une maladie extraordinaire, et qu'il n'y restait plus ni homme, ni femme, ni enfant, « comme en effet nous n'en trouvâmes pas un : de sorte qu'il n'y a personne pour nous en disputer de droit ni de fait la possession. »

Il y a lieu de croire que ce fut la peste qui exerça ces effroyables ravages. Gookin écrivait en 1674 : « Je ne suis pas bien sûr de la nature du mal qui fit disparaître les Indiens, mais c'était sans contredit une maladie pestilentielle. J'en ai parlé avec des vieillards du pays qui étaient jeunes alors, et qui me disaient que les corps des malades étaient tout entiers extrêmement jaunes, avant et après leur mort, et, pour mieux me faire comprendre la couleur, ils me montraient en effet une étoffe jaune. » Mather, en 1677, en dit autant des vieux planteurs de sa connaissance qui avaient aidé à enterrer des familles entières d'Indiens emportées à la fois. En effet, lorsque les pèlerins vinrent à la Nouvelle-Angleterre, ils trouvèrent encore quelques restes de cette affreuse épidémie. Le capitaine Dermer vit, dans son voyage sur les côtes, des places où elle avait laissé debout quelques-uns de ces malheureux, mais pas encore rétablis. « Leur mal était la peste ; nous pouvions en reconnaître les marques sur le petit nombre de ceux qui avaient échappé à la mort et qui nous décrivaient d'ailleurs les taches de leurs compagnons qui en étaient morts en grand nombre. »

Sans aucun doute cette coïncidence funeste pour la race indienne fut heureuse pour la sécurité des blancs qui vinrent s'établir dans le pays. Non-seulement ils ne trouvèrent, comme dit Bradford, dans beaucoup d'endroits, personne pour réclamer contre leur possession : la mort en avait, pour ainsi dire, fait tomber la propriété en déshérence; mais là où quelques tribus avaient survécu, elles avaient perdu leur force, leur courage, et jusqu'à leur avenir, car « la peste avait surtout frappé les jeunes gens et les garçons, l'espérance de leur race. »

« Les peuples de la Nouvelle-Angleterre étaient auparavant de vrais lions : pour nous ils n'ont été que des agneaux si doux, si soumis, si fidèles qu'on peut dire avec vérité qu'il y a beaucoup de chrétiens qui ne sont ni si bons ni si sincères. Ils ont été, il est vrai, bien affligés par une grande mortalité qui est venue les détruire il y a trois ans : avec leurs dissensions civiles et leurs guerres sanglantes, cela a suffi pour en laisser vivre, je crois, le vingtième à peine; et ceux qui sont restés ont le cœur si abattu et la mine si défaite, qu'ils ont l'air d'un peuple démoralisé. Aussi quoique, à notre arrivée, nous fussions en bien petit nombre, et encore beaucoup de malades parmi nous, qu'il en soit mort plusieurs par le froid et l'humidité, car c'était en plein hiver et nous n'avions ni toit ni abri, au point que nous n'avions peut-être pas six personnes valides, quoiqu'ils vinssent alors nous visiter par centaines avec leurs rois et leurs sachims, et qu'en une heure ils eussent pu se défaire de nous, cependant ils étaient sous le coup d'une telle impression de terreur, que jamais ils ne nous ont fait la moindre insulte en parole ou en action. »

Les pèlerins, dans leur reconnaissance pieuse, avaient donc quelque raison de croire que Dieu les avait menés comme par la main au pays le plus propice pour leur dessein, qu'il leur avait choisi le lieu et le temps, et le roi Jacques put profiter habilement de cette circonstance pour calmer tous les scrupules et donner toutes les apparences de la possession la plus légitime à leur établissement dans ces contrées abandonnées, en se faisant comme un titre de la peste dans la grande patente qu'il accorda à la Nouvelle-Angleterre en 1626. « De plus on nous a fait connaître avec certitude que, dans ces trois dernières années, Dieu a voulu qu'il régnât une peste miraculeuse parmi les sauvages qui habitaient ce pays, par suite de laquelle s'est opérée leur entière destruction, la dévastation et la dépopulation de tout leur territoire, sans laisser, pendant l'espace de plusieurs lieues, un homme vivant qui puisse rien y prétendre. Pourquoi, dans notre jugement, nous sommes persuadés et convaincus que le temps fixé est venu où Dieu tout-puissant, dans sa grande bonté et sa faveur pour nous et notre peuple, a jugé et résolu que ces grands et excellents territoires, désertés, pour ainsi dire, par leurs habitants naturels, seraient tenus et possédés par ceux de nos sujets et de notre peuple qui, grâce à sa protection et à sa miséricorde, seront dirigés et conduits en ce pays par son bras puissant. »

Les indigènes et les blancs n'étaient pas tout à fait nouveaux les uns pour les autres. Des hommes intrépides comme Smith dans la Virginie, comme Champlain dans l'Acadie, avaient bien avancé les relations des deux races par leurs courses lointaines et leur long séjour au milieu des tribus les plus inconnues jusqu'alors. Champlain, en particulier, esprit modeste, dont les Mémoires racontent tant de nobles choses avec la même simplicité qu'il les a faites, avait visité, sur sa route vers la mer du Nord qu'il cherchait, une foule de peuplades avec lesquelles il avait noué des communications presque régulières. Il avait emmené en France, sur leur demande, un indigène qui forma, à son retour, un lien de plus entre les naturels et les blancs. Plusieurs fois il laissa sur leurs wigwams des matelots français, pour les accompagner pendant l'hiver à la chasse dans le centre du pays, et il se servit utilement de ces hommes pour connaître les lieux, les ressources de la contrée, les mœurs des peuples, leur disposition et leurs langues diverses.

Les présents que les blancs commençaient par faire à leurs hôtes les initiaient aux éléments d'une civilisation qu'ils étaient avides de connaître. Quelques ustensiles de ménage, comme le chaudron qui fut le prix de la fille d'un roi en Virginie, mais surtout des cognées pour éclaircir leurs forêts, comme celles qu'ils reçurent du Canada, des sabres même ou des épées, comme des traîtres leur en vendirent bientôt, avaient bien diminué cette impression primitive de terreur qu'ils avaient éprouvée la première fois qu'un vaisseau parut sur leurs côtes. Peut-être même le vice de quelques Européens avait-il signalé leur passage, en laissant derrière eux des traces vivantes de leurs désordres, témoin ce *Mosco* que Smith et les siens trouvèrent dans la tribu des Moraughtacunds, sur la rivière de Rappahannoc. On supposait généralement que c'était l'enfant de quelque Français, et il était vrai que, seul de tous les Indiens qu'ils eussent encore vus, il avait une barbe noire bien touffue. Lui-même il était fier de cette distinction et en prenait occasion de mépriser ses compagnons, donnant avec orgueil aux Anglais le titre de compatriotes, et se dévouant à leurs intérêts.

Il se forma de bonne heure aussi parmi eux une certaine classe de courtiers, à titre de truchements ou d'amis empressés, dont la familiarité devint, en plus d'une occasion, importune. Il y a dans tous les pays, chez tous les peuples, à tous les degrés de la civilisation, des esprits humbles et entreprenants tout ensemble, peu délicats dans leur but et dans leurs moyens, tout prêts à s'interposer entre les puissants, avec lesquels il y a toujours quelque chose à gagner, et les faibles qu'ils exploitent, quitte à les tromper à la fois, s'ils y trouvent leur intérêt, et vendant souvent en même temps aux uns et aux autres des services qui ne profitent qu'à eux. Ce *Samoset*, par exemple, qui expliquait à Bradford la destruction des Indiens de Patuxet, c'était un de ces ciceroni du désert qui, dans l'espérance d'un meilleur gîte ou d'un bon souper, venaient offrir à la civilisation de leurs maîtres futurs le secours de leur expérience indigène.

« Le 18 mars, pendant que nous nous occupions de notre organisation militaire, nous fûmes interrompus par la présence d'un sauvage qui nous causa quelque alarme. Il vint hardiment tout seul, le long de nos maisons, droit à notre rendez-vous; mais nous l'arrêtâmes tout court, ne voulant pas souffrir qu'il entrât, comme il n'y aurait pas manqué, car il ne respectait rien. » Ils avaient leurs raisons pour ne point le laisser pénétrer dans le secret de leur faiblesse : ils n'étaient pas bien aises qu'on sût parmi les Indiens leur petit nombre et leur langueur; ils voulaient leur épargner la tentation de tomber sur une proie si facile. « Il nous salua en anglais et nous accueillit par un *welcome* bien accentué, car il avait appris quelques mots de notre langue, à bâtons rompus, avec les pêcheurs anglais de Monhiggon, et savait le nom de la plupart des capitaines, des commandants et des maîtres d'équipage qui fréquentaient ces côtes. C'était un homme qui disait librement sa pensée; il était d'un extérieur avantageux. Nous lui fîmes beaucoup de questions.... Il nous parla de tout le pays, de chaque province, de leurs sagamores[1], du nombre de leurs guerriers, de leurs forces. Le vent commençant à se lever un peu, nous lui jetâmes sur le corps une couverture de cheval : car il était tout nu, avec une courroie seulement autour de la taille, garnie d'une frange à peu près

1. Leurs chefs.

de la longueur d'un empan. Il portait un arc et deux flèches, l'une à tête, l'autre sans tête. C'était un homme grand, bien droit, la chevelure noire, longue par derrière, courte par devant, pas un poil à la face. Il demanda de la bière, mais nous lui donnâmes de l'eau-de-vie, du biscuit, du beurre, du fromage, du pudding, et un morceau de canard ; il aimait bien tout cela et il en avait pris l'habitude à fréquenter les Anglais.... Nous aurions bien voulu nous en débarrasser le soir, mais il ne voulut pas s'en aller. »

Au reste, rien de plus hospitalier que l'accueil fait d'abord par tous ces peuples aux Européens qui les visitèrent, et, s'ils ne restèrent pas longtemps dans ces dispositions amicales, il ne faut pas se presser d'en accuser, comme on l'a fait souvent, l'inconstance de leur humeur et la perfidie de leur caractère. Ils avaient eu plus d'une fois raison de se repentir de leur confiance. Les premiers aventuriers auxquels ils avaient fait bon visage, abusant de la supériorité de leurs armes, les avaient traités sans humanité : ils les forçaient à leur donner des guides pour des voyages périlleux et lointains ; ils les chargeaient de leurs bagages comme des bêtes de somme ; ils dissipaient sans ménagement les ressources qu'ils avaient amassées avec peine pendant l'été pour la subsistance de leurs tribus pendant l'hiver ; ils leur avaient appris la ruse par toutes sortes de tromperies dans les échanges ; ils leur avaient appris la haine par des cruautés quelquefois inouïes. Enfin, dans le lieu même où les pèlerins abordèrent, ils trouvèrent que le nom anglais était déjà en horreur aux naturels ; ils ne pouvaient pardonner au capitaine Hunt de leur avoir enlevé par trahison vingt-sept de leurs frères pour aller les vendre comme esclaves en Espagne.

Il ne faut donc pas s'étonner s'ils ne descendaient plus comme autrefois sur le rivage, en exécutant des danses joyeuses, au-devant des navigateurs. L'expérience leur avait enseigné la prudence. A la vue d'une voile en mer, ils faisaient mieux, pour ne point se trahir, d'éteindre leurs feux au milieu des bois, et, quand ils avaient été mis en présence des étrangers, ils ne se souciaient pas toujours de leur indiquer leurs demeures ; d'ailleurs, s'ils étaient disposés à saluer, en passant, l'équipage d'un navire qui touchait terre un moment pour bientôt lever l'ancre, ils n'étaient pas sans inquiétude sur les suites d'une plus longue résidence, et devinaient aisément qu'un jour ou l'autre leurs intérêts respectifs se trouveraient en lutte. « Pourquoi, disait le capitaine Smith au sachim d'Hassiningha, as-tu attaqué les Anglais qui venaient à toi avec les sentiments et le visage d'un peuple ami ? — C'est, dit-il, parce que j'ai entendu dire que ce peuple est venu de l'autre monde pour nous prendre le nôtre. » La vie de Powhatan tout entière n'est qu'une protestation constante par la ruse ou par la force contre leur conquête ; il ne s'en cachait pas tout d'abord et leur disait comme l'autre : « J'ai des doutes sur les raisons qui vous amènent. Ou je me trompe, ou ce n'est point le commerce qui vous attire ; vous venez pour envahir mon peuple et usurper mon pays. »

Voilà l'explication bien naturelle des hostilités qu'on reproche aux Indiens ; ils furent plus souvent provoqués qu'ils ne furent agresseurs ; mais, lors même qu'ils se concertèrent pour attaquer les premiers, comme en Virginie, lorsqu'ils tombèrent à l'improviste, en 1622, sur les Anglais de James-town et en massacrèrent trois cent quarante-sept, leur motif, sinon leur excuse, c'est qu'ils n'ignoraient pas que, s'ils laissaient la colonie se fortifier par de nouvelles recrues, c'était à eux à disparaître d'un pays dont ils devaient se croire les seuls et les légitimes possesseurs.

Mais peu de chose est le droit qui ne peut s'appuyer sur la force. Leur patrie ne leur appartenait déjà plus. La peste les avait livrés d'avance presque sans défense à des ennemis bien supérieurs dans l'art de la destruction et de la guerre. Leurs divisions firent le reste.

CHAPITRE XV.

Portrait des Indiens. — Leur costume. — Leurs habitations. — Leur mobilier. — Ustensiles de ménage. — Paniers. — Blagues à tabac. — Culture du maïs. — Récolte. — Silos pour le grain. — Nokake. — Ils se nourrissent aussi de glands. — Pêche du poisson. — Canots. — Piéges pour prendre le gibier. — Chasse. — Passion du jeu.

Les Indiens de la Nouvelle-Angleterre nous sont représentés comme une race haute de taille, et vigoureuse dans la structure de ses membres. La couleur de leur peau était basanée. Leurs cheveux généralement noirs et taillés par devant avec une mèche plus longue que le reste, absolument « comme nos gentlemen, dit Higginson; je crois que c'est d'ici qu'on en a porté la mode en Angleterre. » Il est assez singulier que Champlain fasse à peu de chose près la même observation près du lac Attigouantan. « Nous fîmes rencontre, dit-il, de trois cents hommes d'une nation que nous nommasmes *les cheveux relevez*, pour les avoir fort relevez et ageancez, et mieux peignez que nos courtisans, et n'y a nulle comparaison, quelques fers et façons qu'ils y puissent apporter : ce qui semble leur donner une belle apparence. »

« Le 18 novembre 1621, dit Bradford, nous avons revu le sauvage avec quatre autres hommes qu'il nous amenait, grands et bien faits. Chacun d'eux avait sur lui une peau de bête, et le principal d'entre eux portait à un bras une peau de chat sauvage, si je ne me trompe.... Leur teint est à peu près celui de nos Gipseys (Bohémiens) en Angleterre; point de barbe ou à peu près sur la face, les cheveux longs tombant sur leurs épaules, taillés seulement par devant. Il y en avait qui les retroussaient en avant avec une plume, étalés comme un éventail; un autre avait une queue de renard qui lui pendait par derrière. »

Leur habillement rappelait en partie aux Anglais celui des habitants de l'Irlande. Au lieu du haut-de-chausses et des culottes courtes en usage alors chez les peuples civilisés, Winslow, Morton et Wood s'accordent à dire que la forme de leur pantalon à pied, se confondant avec leurs souliers, de peau de daim comme le reste, et rattaché à leur ceinture autour de la taille, leur donnait une apparence tout irlandaise. « Durant l'hiver, les plus âgés d'entre eux portent des culottes de peau, dans la forme des pantalons irlandais, attachés par des boutons en dessous de leur ceinture. » Ils jetaient sur leurs épaules une peau de bête en guise de manteau, la tournant du côté du vent. C'était là leur costume de voyage. Lorsqu'ils étaient chez eux ou au terme de leur excursion, ils ôtaient leurs pantalons et leurs chaussures, les tordaient pour en exprimer l'eau, s'ils étaient mouillés, les faisaient sécher et les frottaient ou les mettaient chauffer. Ils n'étaient du reste pas entièrement nus, ayant toujours quelque petit vêtement pour couvrir leur nature. Les femmes portaient autour de leurs jambes des cordons pour serrer leurs pantalons; ce n'était pas la coutume des hommes.

Ils se peignaient volontiers le visage ou les membres. Il est difficile de savoir s'ils avaient en cela des règles d'étiquette ou s'ils suivaient seulement leur caprice. Les pèlerins en virent à leur arrivée qui s'étaient peint la face en noir, à peu près la largeur de quatre doigts, depuis le front jusqu'au menton. D'autres se peignaient d'autres façons, il semblait que ce fût pure fantaisie. Voici le portrait que Smith nous trace d'un *werowance* (chef de tribu). « Il avait une couronne de poil de daim teint en rouge; elle était façonnée en rosette et servait à lier sa touffe de cheveux. Sur l'autre côté de la tête il avait une grande plaque de cuivre avec deux longues plumes imitant une paire de cornes, placées au milieu de sa couronne. Son corps était peint tout entier en rouge cramoisi. Il avait une chaîne à grains autour du cou; sa figure était peinte en bleu parsemé, à ce qu'il nous semblait, de poudre d'argent. Ses oreilles étaient toutes chargées de bracelets et de perles : chacune d'elles percée d'une griffe d'oiseau montée en cuivre fin ou en or. » En général, ils aimaient la parure, comme les Anglais le remarquèrent chez Massasoyt, lorsqu'ils lui remirent les présents qui lui étaient destinés. « Quand il se vit le manteau sur le dos et la chaîne autour du cou, il était joliment fier de se mirer là dedans, et ses hommes aussi de se voir un roi si bravement équipé. » On leur rendait cette justice qu'ils avaient bonne grâce dans leurs atours, et leurs belles manières ont frappé plus d'une fois leurs hôtes. « Ils nous menèrent à leur sachim, qu'ils appellent Iyanough. Il n'a pas plus de vingt-six ans, mais c'est un homme qui a un grand air dans toute sa personne, de la grâce, de la courtoisie, de l'élégance, rien du tout d'un sauvage que son costume. »

Leurs habitations, connues sous le nom de *witeos, wetus* ou *wigwams*, étaient réunies par groupes généralement peu nombreux, qui formaient leurs bourgades. Pour faire leurs maisons, ils ployaient de longues tiges de jeunes sapins, qu'ils fixaient en terre par les deux bouts. Ils leur donnaient une forme arrondie, comme celle d'un berceau, et les couvraient tout entières jusqu'à terre de nattes épaisses et bien travaillées. La porte avait à peine une aune de long, et elle se composait d'une natte qu'on levait pour entrer ou pour sortir. La cheminée n'était qu'un large trou dans le haut, qu'ils recouvraient à volonté d'une natte disposée pour bien en fermer l'ouverture. On pouvait du reste s'y tenir et marcher debout. Dans le milieu se trouvaient quatre bâtons fichés en terre, garnis de chevilles pour suspendre leurs pots et leurs marmites. Tout autour du foyer étaient étendues les nattes qui leur servaient de lits. Les nattes jouaient un grand rôle dans leur confort domestique; nous avons vu qu'elles les protégeaient du froid au dehors en couvrant leurs maisons : il y en avait au dedans une autre garniture, mais plus élégante et plus neuve.

C'était là le wigwam du commun peuple : les chefs ou sachims habitaient une maison mieux façonnée qu'on appelait le *sachimo-comaco*. Celle, par exemple, que rencontra Winslow chez les Massachusetts était située sur le haut d'une colline, et formée d'un large échafaud en bois avec des pieux et des planches, élevé au-dessus du sol à la hauteur de six pieds; c'est sur cet échafaud que reposait la maison royale.

Leurs lits étaient à un pied de terre. Le plus souvent c'était un plancher large et solide, formé d'éclats de bois qu'ils taillaient dans leurs arbres, recouvert communément de nattes, mais quelquefois de peaux d'ours ou d'autres animaux sauvages. Il y avait de la place pour trois ou quatre personnes ; le fond, qui était supporté par des espèces de pieux fourchus, était large de six à huit pieds. Ainsi l'Indien et sa famille « étendus sur des nattes épaisses, avec des couvertures de daim ou de chevreuil, des fourrures de loutre et de castor ou même des peaux d'ours, bien préparées et converties en un bon cuir, le poil en dessus, sont couchés aussi chaudement qu'ils peuvent le désirer. »

Leurs ustensiles de ménage comprenaient des poteries de toute grandeur, faites de terre ou d'argile ; « celles dans lesquelles ils faisaient cuire leur nourriture, dit Gookin, avaient la forme d'un œuf dont on a cassé le bout. Leurs plats, leurs cuillers ordinaires et leurs cuillers à pot étaient très-lisses et fabriqués avec un certain art : on les faisait d'un bois qui n'était point sujet à se fendre. » Ils avaient aussi des cuvettes ou terrines d'érable tout à fait élégantes. Bradford trouva dans un wigwam un seau anglais auquel il manquait une anse, mais il avait deux poignées en fer. Il décrit ainsi la cabane indienne où le hasard l'avait fait entrer : « Il y avait aussi des paniers de diverses espèces, plus ou moins gros, plus ou moins fins. Il y en avait qui étaient singulièrement ouvragés de jolis dessins blancs ou noirs.... Nous y trouvâmes aussi deux ou trois têtes de daim, dont une toute fraîche encore. Il y avait de même bon nombre de pieds de biche plantés sur les parois de la maison, des cornes de cerf, des griffes d'aigle,... deux ou trois paniers pleins de glands brûlés, des pièces de poisson et un morceau de hareng grillé. Nous y trouvâmes encore un peu de silkgrass (herbe-à-soie), et de la graine de tabac, avec quelques autres semences que nous ne connaissions pas. Au dehors, des fagots d'algues, de joncs et de roseaux dont ils font leurs nattes. Dans un trou, on avait mis de côté deux ou trois quartiers de venaison. »

Ils amassaient pendant l'été des algues dont ils faisaient les nattes de couverture pour leurs maisons; du chanvre et des joncs avec des matières colorantes, dont ils composaient leurs paniers, vraiment curieux par le mélange des couleurs et leurs dessins antiques. Ils en avaient de toutes les tailles, jusqu'à la contenance de cinq ou six boisseaux, soit pour emporter leur bagage en route, soit pour serrer à la maison leurs effets, en guise de tablettes et d'armoires. Les uns étaient faits de paille de maïs, d'autres de silkgrass, d'autres d'écorce d'arbre. « Bon nombre d'entre eux étaient très-propres et d'un travail ingénieux, ornés de portraits coloriés d'oiseaux, de bêtes sauvages, de poissons et de fleurs. » Avec un de ces petits paniers sur le dos, bien garni de sa provision de *nokehich*, avec son arc et ses flèches, et sa ceinture de cuir qui pouvait encore contenir sa nourriture de trois ou quatre jours, l'Indien, en moins d'une heure, se tenait prêt à suivre son chef à la guerre ou en voyage.

Le mobilier indien a donné à notre civilisation un petit meuble de luxe, presque sans nom, en usage pourtant plus que jamais aujourd'hui, et en France plus qu'ailleurs, le petit sac à tabac que Bradford n'a point oublié dans la description de *Samoset*. Winslow dit aussi que leur « sac à tabac est suspendu à leur col ou attaché à leur ceinture; c'est pour l'Indien ce qu'est une poche pour un Anglais. »

Le tabac, en effet, était devenu pour eux, par l'habitude, presque une seconde nourriture. Selon l'expression constante des voyageurs qui les ont visités, et qui, peut-être, l'ont empruntée à leur langage, ils *buvaient le tabac* presque continuellement : c'est une image qui représente assez bien la manière dont ils aspiraient la fumée, comme cela se pratique encore en Orient, à pleine poitrine. « On dit qu'ils prennent du tabac pour deux causes : la première, comme préservatif du rhume et, par suite, du mal de dents, qu'ils ne sauraient endurer; la seconde, comme un excitant qui les ranime et les récrée, leur boisson étant uniquement de l'eau pure. » C'était, du reste, un délassement réservé aux hommes faits : ils l'eussent trouvé odieux dans un âge plus tendre : *but for boys to do so, they account it odious.*

Ils vivaient du produit de leur culture, de leur chasse, de leur pêche; car généralement, pendant que le froid de l'hiver suspendait leurs travaux des champs, ils profitaient du voisinage de la mer ou des lacs pour faire leur provision de poisson, ou bien ils allaient dans les forêts et dans la plaine chercher de la venaison et des fourrures. A l'exception de leurs jardins, ensemencés de quelques graines potagères, ils donnaient tous leurs soins à la culture du maïs, qui faisait le fond de leur nourriture. Après la moisson, ils ôtaient soigneusement la balle de leur grain, le faisaient bien sécher au soleil, le mettaient dans des paniers et le portaient au grenier. Leurs greniers, c'étaient des trous en terre, des espèces de silos en forme de chaudrons : ils en tapissaient de nattes le fond et les parois, y déposaient leur récolte, et formaient avec des branches d'arbres une voûte qu'ils recouvraient de terre.

Une des formes les plus ordinaires sous laquelle ils mangeaient le maïs, c'était le *nokehich* ou *nokake*. Après avoir fait griller l'épi dans les cendres, ils le nettoyaient avec soin, le réduisaient en poudre, en mettaient une petite provision dans un sac, un panier, ou dans une espèce d'étui qu'ils portaient autour de la taille. C'était leur ressource, lorsqu'ils devaient s'absenter quelque temps de leurs demeures. En voyage, à la chasse, à la guerre, quand ils avaient faim, ils s'arrêtaient et faisaient de cette farine un repas, en buvant de l'eau, froide ou chaude. Chaque repas se composait de trois cuillerées de ce maïs pulvérisé; ils en faisaient trois par jour. « Avec cet étrange viatique, dit Wood, ils voyageront quatre ou cinq jours de suite, portant sur le dos des fardeaux faits plutôt pour des éléphants que pour des hommes. » Gookin et Roger Williams s'accordent à dire que c'est une nourriture *agréable au goût, douce, saine et cordiale.* « Combien de fois, dit le dernier, avec une cuillerée de cette farine, et une cuillerée d'eau prise au ruisseau voisin, ai-je fait un bon dîner et un bon souper! »

C'était au moins un dîner frugal. Mais la simplicité des temps où l'homme se nourrissait du gland ramassé sous les chênes n'était pas tellement étrangère à la sobriété de l'Indien qu'il ne fît pas entrer aussi ce fruit dans son régime. Il recueillait le gland, le faisait rôtir et sécher, puis, « dans les disettes de grain, à force de le faire bouillir, il en composait un bon plat. Quelquefois même, quand la récolte du maïs avait été abondante, il mangeait encore du gland *pour changer;* » ou bien il le mêlait avec différentes espèces de noisettes, de noix, de châtaignes, le tout réduit en farine, « pour en épaissir son potage. »

Nous avons eu déjà l'occasion de voir que les

naturels trouvaient aussi dans la pêche des moyens de subsistance faciles et variés. Ils avaient des engins commodes pour prendre le poisson; ils savaient le conserver pour la provision d'hiver. Ils n'ignoraient, s'il faut en croire les dégoûts de Champlain, que l'art de l'accommoder; et il faut avouer que la description qu'il fait du *migan* chez les Attiguantans n'est pas beaucoup plus attrayante que celle du brouet de Lacédémone.

Leurs barques ou canots étaient de deux espèces. Les unes étaient faites avec des pins qu'ils creusaient à l'aide du feu : ils y mettaient beaucoup de temps et de soin. Pour que le feu ne pénétrât pas dans le tronc au delà des limites qu'ils lui assignaient, ils arrosaient continuellement avec de l'eau les contours de la ligne tracée pour en déterminer la forme. Puis, quand le feu avait suffisamment évidé l'intérieur, ils en polissaient toute la partie concave avec des écailles d'huîtres ou d'autres coquillages. Ils taillaient l'extérieur à coups de hache : ces haches étaient de pierre.

Mais ils avaient des canots plus légers, soit pour aller en mer, soit pour remonter ou descendre les fleuves, dans leurs voyages lointains. Ceux-ci n'avaient pas plus d'un pied et demi ou deux pieds de large : ils en avaient bien vingt de long. Ils étaient faits de bandes très-minces d'écorce de bouleau, bien jointes à l'intérieur par des cercles larges et minces aussi, qui les serraient comme les cerceaux d'une cuve. Ces bateaux étaient d'une telle légèreté qu'un homme pouvait en porter un sans peine l'espace d'un mille. C'est avec ces coques légères que, dans les mêmes eaux où les Anglais osaient à peine s'aventurer sur leur chaloupe, l'Indien volait devant eux comme un oiseau, se soulevant sur ses rames en battoir comme sur des ailes. Et, quand une vague malencontreuse en renversait la quille, il en était quitte pour se mettre à la nage, relever son canot, et y grimper de nouveau. Mais leur destination particulière était surtout de pouvoir se transporter aisément par terre à dos d'homme, lorsqu'il fallait, pour abréger le chemin, passer d'une rivière à l'autre, éviter de trop longs détours, ou des *sauts* et des cascades si communs dans les fleuves de l'Amérique. Leur habileté à les manier était égale à leur intrépidité, et les descriptions que Cooper s'est plu à en faire dans ses romans ne paraissent point exagérées quand on les compare avec les récits de Champlain lui-même.

La chasse, dans un pays où le gibier était si abondant, ne pouvait manquer d'être une des occupations favorites des tribus indiennes. Ils ne se contentaient pas d'aller à la poursuite des animaux sauvages comme les menait le hasard, cherchant leurs traces et, quand ils les rencontraient, exerçant sur eux la justesse de leur coup d'œil et la sûreté de leur main. Souvent ils leur dressaient des piéges comme celui où William Bradford à peine débarqué fut bien étonné de se trouver pris. « Comme nous allions nous promenant deçà et delà, nous arrivâmes près d'un arbre où un jeune sapin avait été courbé en arc, avec quelques glands jetés dessous. Stephen Hopkins nous dit que ce devait être pour attraper quelque daim. Pendant que nous considérions cet arbre, William Bradford, qui nous suivait par derrière, en tournant à l'entour pour le considérer comme nous, sentit tout à coup une forte secousse, et se trouva pris en même temps par la jambe. C'était une invention très-ingénieuse; elle consistait dans une corde de leur façon, avec un nœud coulant fait aussi artistement qu'eût pu le faire le meilleur cordier d'Angleterre, et aussi semblable aux nôtres que possible. »

Ces piéges, construits en effet par les naturels avec des cordes de leur chanvre indigène et des ressorts formés par de jeunes tiges d'arbres, étaient assez forts pour avoir raison même d'un cheval : on n'y prenait pas seulement des daims, des racoons, des chats et des renards, mais aussi des loups et des ours. Wood parle d'une jument anglaise qui s'était échappée dans les bois : devenue sauvage, elle tomba un jour, en courant, dans une trappe de ce genre qui l'arrêta tout court « et la suspendit, comme le tombeau de Mahomet, entre le ciel et la terre. »

Les Indiens aimaient surtout la chasse à ciel ouvert, et particulièrement celle des cerfs. Les moyens qu'ils y employaient ressemblaient beaucoup à ceux que nous trouvons décrits par Champlain, dans son *Voyage à Cahiagué.* « La chasse des cerfs et des ours y est fort fréquente. Nous y chassasmes et en prismes bon nombre en descendant. Pour ce faire, ils se mettoient quatre ou cinq cents sauuages en haie dans le bois jusqu'à ce qu'ils eussent atteints certaines pointes qui donnent dans la riuière, et puis marchants par ordre, ayant l'arc et la flesche en la main, en criant et menant un grand bruict pour estonner les bestes, ils vont tousjours jusques à ce qu'ils viennent au bout de la pointe. Or tous les animaux qui se trouuent entre la pointe et les chasseurs sont contraints de se jetter à l'eau, sinon qu'ils passent à la merci des flesches qui leur sont tirées par les chasseurs, et cependant les sauuages qui sont dans les canots posez et mis exprès sur le bord du riuage, s'approchent des cerfs, et autres animaux chassez et harassez et fort estonnez. Lors les chasseurs les tuent facilement avec des lames d'espées emmanchées au bout d'un bois, en façon de demi-pique, et font ainsi leur chasse; comme aussi au semblable dans les isles, où il y en a à quantité. Je prenois un singulier plaisir à les voir ainsi chasser, remarquant leur industrie. »

Dans leurs haltes et dans leurs loisirs, ils se livraient à un genre de distraction ou plutôt à une passion quelquefois furieuse qu'on n'aurait pas soupçonnée chez des peuples si près, croyait-on, de l'état de nature. C'était l'amour du jeu. Winslow eut occasion d'en voir un exemple, funeste à la paix de deux tribus, l'une d'elles ayant perdu un homme assassiné par son antagoniste, dans le paroxysme de ces émotions aléatoires. Leur imprévoyance ou leur amour du gain allait jusqu'à mettre comme enjeu habits, maison, récolte, leur propre personne, quand ils n'étaient pas mariés. « Ils jouent toutes choses, même la peau de bête qu'ils ont sur le dos, voire encore celles de leurs femmes, quand ils auraient à faire pour revenir plusieurs milles de chemin, comme j'en ai vu moi-même. »

CHAPITRE XVI.

Condition des femmes. — Leurs mœurs. — Respect pour la vieillesse. — Amour paternel. — Religion des Indiens. — Dieu ou *Kiehtan*. — Le diable ou *Hobbamock*. — *Powahs*, prêtres et médecins. — Traitement des maladies. — Sépulture et funérailles. — Tombes. — Cimetières. — Leurs connaissances météorologiques. — Leur intelligence et leur aptitude. — Leur langue. — Leur gouvernement. — Leurs procédés de guerre.

Les femmes n'avaient pas beaucoup à se louer du sort qui leur était fait dans la société indienne. C'est assez l'ordinaire chez les nations primitives, et même dans les classes laborieuses des peuples plus civilisés. L'homme croit avoir assez fait quand il s'est réservé les dangers de la guerre, les excursions lointaines, les hasards de la chasse et de la pêche. Il croirait déroger à la noblesse de son sexe et de son courage s'il les profanait à des usages sans honneur, comme de porter des fardeaux, quelquefois même de semer et de récolter le grain. La vie des Indiennes de la Nouvelle-Angleterre était un véritable esclavage : elles semaient le blé[1],

1. Les hommes se réservaient la culture du tabac.

le moissonnaient, le battaient, l'apprêtaient, faisaient le pain et la bouillie, et servaient en outre de bêtes de somme pour le transport des bagages et de la venaison. « Il est presque incroyable qu'elles puissent porter de pareils fardeaux de grain, de poissons, de fèves, de nattes, et leur enfant par-dessus le marché. Dans l'été, on les voit trotter deux ou trois milles, portant chez elles sur le dos une centaine de livres de homard : l'hiver, leurs maris les chargent de leur gibier, après la chasse, pour le porter à la maison. » Telle était la dureté de leur condition qu'elles accouchaient même, pour ainsi dire, en courant, se reprochant la perte d'un temps qu'elles devaient au soin de leur wigwam. « Trois jours après ses couches j'ai vu la mère avec son nouveau-né, en mer, sur un bateau, par un temps rigoureux. » A cela près, elles n'étaient pas trop maltraitées. L'intérêt de l'Indien était même de les ménager : son bien-être en dépendait. « Quand une femme a un mauvais mari ou qu'elle ne peut pas se l'attacher, elle choisit la première occasion d'une guerre entre sa tribu et quelque tribu voisine pour passer à l'ennemi : elle est toujours sûre d'y recevoir bon accueil, car, là où il y a le plus de femmes, il y a le plus d'aisance. »

Au moment de se marier, la femme commençait par se couper les cheveux, et les revêtait ensuite d'une calotte jusqu'à ce qu'ils fussent repoussés. Le mariage n'était rompu que par un cas d'adultère : celle qui s'en rendait coupable était battue par son mari, qui avait même le droit de la répudier, s'il voulait. En général, la pureté de leurs mœurs était garantie par le travail, et les pèlerins, dont on ne peut suspecter l'opinion à cet égard, leur rendaient le témoignage que, s'il y en avait comme partout quelques-unes d'une conduite légère, il y en avait d'autres, au contraire, « d'une grande chasteté et d'une telle réserve qu'à peine devant les hommes se permettaient-elles de causer entre elles. » Elles montraient même beaucoup de pudeur, « car elles sont, disaient-ils, certainement plus modestes qu'un grand nombre de nos femmes en Angleterre. »

C'était en général, dans la pratique de la vie ordinaire, un peuple de mœurs douces et paisibles. La vieillesse y était en honneur. « Les plus jeunes ont du respect pour les aînés, et leur épargnent, tant qu'ils sont ensemble, les détails les plus désagréables et les plus humbles, qu'ils gardent pour eux-mêmes. »

La tendresse montrée, dans plus d'une occasion, par les pères pour leurs enfants, suffit pour montrer l'injustice de la supposition qu'on avait faite assez généralement, que c'était une race dépourvue de toute délicatesse dans les sentiments du cœur. Le chef des Rappahannocks, pressé par Smith d'accepter les conditions qu'il impose, se résigne à tout, mais il refuse simplement de livrer son fils comme otage : « Je n'ai qu'un fils, dit-il, et je ne pourrais vivre sans lui. »

Il n'est peut-être pas de question sur laquelle il faille plus se défier du récit des voyageurs chez les nations lointaines que celle de la religion. Tout culte a une partie symbolique qui échappe à l'ignorance des étrangers, en même temps qu'elle éveille, par ses apparences singulières, leur esprit critique ou malveillant. Heureusement nous avons affaire ici à des observateurs sérieux, dont le témoignage est sincère, jusque dans leurs erreurs. Ces erreurs mêmes, reconnues plus tard avec la même bonne foi qu'elles avaient été conçues d'abord, prouvent avec quelle réserve il convient d'accueillir le jugement précipité de la plupart des navigateurs, quand ils proclament, par exemple, l'athéisme des peuples qu'ils ont visités.

A son arrivée dans la Nouvelle-Angleterre, Winslow écrivait à ses amis : « C'est un peuple fidèle, juste, spirituel et intelligent, mais *sans religion aucune, et sans aucune connaissance de Dieu.* » Quelque temps après, dans ses *Good news from New England*, il corrigeait ainsi sa première impression : « Lorsque, dans nos premières lettres, mes amis et moi nous écrivions que les Indiens de notre voisinage étaient un peuple sans religion aucune, et sans aucune connaissance de Dieu, j'étais en cela dans l'erreur, mais nous n'étions pas alors en mesure de bien connaître la vérité. »

Un jour donc que les pèlerins, avant de prendre leur repas, avaient appelé la bénédiction du ciel sur leur table, et qu'ils l'avaient ensuite remercié de ses grâces, selon leur pratique constante, les naturels, présents à leurs prières, et curieux en toute circonstance de se faire expliquer les coutumes des étrangers, leur demandèrent quel était le but de cet usage; Winslow en prit occasion de leur parler de Dieu, de ses œuvres, surtout de ses commandements, qu'ils écoutèrent avec beaucoup d'attention et qu'ils approuvèrent généralement. Puis, quand il leur fit comprendre que, recevant de Dieu toutes choses, nous lui en devions honneur et reconnaissance, et que c'était là le sens du *bénédicité* et des *grâces*, auxquels ils ne manquaient pas à chaque repas, ils répondirent que « c'était très-bien, et qu'ils avaient presque toutes les mêmes croyances; que seulement le pouvoir que les Anglais appelaient *God* (Dieu), eux ils l'appelaient *Kiehtan.* » Et, en effet, ils lui offraient des sacrifices après avoir rempli leurs silos des grains de la récolte : ils l'invoquaient pour obtenir de lui du beau temps, ou de la pluie dans les sécheresses, ou la santé de leurs malades, etc.

Kiehtan était-il un Dieu unique, avec des agents ou des ministres, auxquels il avait délégué une partie de sa puissance divine, les uns instruments de ses faveurs, les autres de sa colère, ou bien avaient-ils un olympe de dieux indépendants? Comment le savoir? Dans les premiers temps, les blancs avaient bien autre chose à faire que d'étudier les nuances de la doctrine religieuse des Indiens : ils ne connaissaient pas leur langue, et n'en apprenaient que ce qui était utile à la satisfaction de leurs intérêts et de leurs besoins. Ils vivaient à côté d'eux, mais non pas avec eux : les deux races, à vrai dire, se tinrent toujours à distance. Et, quand les États ont été fondés, quand les curieux et les savants ont voulu remonter le cours des traditions, ils ont trouvé des peuples détruits, des restes de tribus effarouchées, devenues elles-mêmes étrangères, ou peu s'en faut, à leur propre histoire, dénaturées dans leur foi et dans leurs mœurs, aussi ignorantes de leur passé que de leur avenir.

Cependant, pour l'honneur de l'humanité, comme par un sentiment de justice pour une race véritablement digne d'intérêt, les renseignements contemporains nous autorisent à croire que, si les Indiens avaient admis des aides divins pour leur Dieu, ou des médiateurs célestes entre l'homme et la divinité, Kiehtan n'en était pas moins pour eux le pouvoir créateur et suprême dont émanaient tous les pouvoirs. Il est bien vrai qu'ils reconnaissaient une autre autorité, à laquelle ils faisaient une part dans leur culte : c'était *Hobbamock*, génie du mal, auteur de toutes les peines et des infirmités humaines. C'est à lui qu'il fallait s'adresser pour en obtenir le remède; mais son pouvoir n'était que de seconde main, et il ne pouvait guérir le mal que Dieu envoie à l'homme dans sa juste colère. Venaient ensuite quelques-unes de ces croyances secondaires que les religions n'imposent ni ne condamnent, à savoir qu'il apparaissait quelquefois sous une forme ou sous une autre : Hobbamock (peut-être le diable) passait pour s'être montré à quelques-uns sous la figure d'un homme, ou d'un cerf, ou d'un aigle. Il y avait même des catégories de gens crédules ou d'imposteurs, les *pnieses* (leurs braves) ou les *powahs* (leurs prêtres), qui communiquaient, disait-on, avec lui. Mais rien ne prouve que ce fût là un dogme essentiel, et apparemment ils ne croyaient pas eux-mêmes à l'infaillibilité de leurs charmes, car ils convenaient généralement avec naïveté « qu'ils n'avaient jamais pu le voir, quand il y avait là quelque Anglais. »

Kichtan était bien Dieu, et, comme ils le disaient, le *God* de Winslow, le Dieu jaloux qui voulait être adoré avec amour. Ils se reprochaient d'avoir mis depuis longtemps « trop de tiédeur dans son culte ; » ils se rappelaient un temps où on l'adorait avec plus de ferveur. Ils n'en étaient que trop avertis par sa colère : il les avait punis par la peste. Les Nanohiggansetts, fidèles à leur dévotion, avaient mérité d'être plus heureux. Ils avaient chez eux une *grande et spacieuse maison* où venaient leurs prêtres. Là, à des époques déterminées, se rendait aussi toute la tribu, portant en offrandes toutes ses richesses, des chaudrons, des peaux, des haches, des couteaux, etc., que les prêtres jetaient ensemble et laissaient réduire en cendres dans un grand feu allumé au milieu de ce temple. Ces offrandes étaient volontaires; mais, plus elles étaient considérables, plus elles étaient méritoires, non-seulement devant Dieu, mais devant les hommes. Les autres Indiens approuvaient cette institution des Nanohiggansetts, et demandaient à leurs sachims d'en faire autant chez eux, car c'était à cette piété que leurs voisins devaient sans aucun doute d'avoir été épargnés dans l'invasion du fléau.

De cette idée de la justice d'un Dieu vengeur dans ce monde à celle d'un Dieu rémunérateur dans une autre vie, le passage était facile : ils croyaient à l'immortalité de l'âme et à la justice distributive après la mort. C'était vers *Kautantowwit*, le paradis du sud-ouest, qu'étaient dirigées les âmes dans l'autre monde : elles y trouvaient des jouissances matérielles comme dans celui des Turcs. Mais les meurtriers, les voleurs, les menteurs, erraient sans cesse à l'entour. Voici sur Kiehtan la tradition recueillie par Winslow :

« Il a, disent-ils, créé les cieux, la terre, la mer et tous les êtres qui y sont contenus. Il a aussi fait un homme et une femme, d'où sont venus eux et nous et toute l'espèce humaine. Il n'y avait d'abord, disent-ils, ni sachim ni roi que Kiehtan, qui demeure au plus haut des cieux, là où vont tous les gens de bien quand ils meurent, pour revoir leurs amis et jouir de l'abondance de toutes choses. Cette demeure de Kiehtan est à l'ouest dans les cieux; les méchants y vont aussi, mais, quand ils frappent à la porte, il les repousse en disant *quatchet!* c'est-à-dire *au large!* car il n'y a pas place pour eux; de sorte qu'ils errent sans repos dans une éternelle privation et une éternelle misère. Jamais homme n'a vu ce Kiehtan; seulement les vieillards en parlent à leurs enfants, en leur ordonnant d'en parler à leurs enfants, qui doivent à leur tour en instruire leur postérité, responsable au même titre de ce dépôt sacré. Son pouvoir est bon, et, quand ils veulent obtenir de lui quelque grande faveur, ils se rassemblent et crient vers lui. De même aussi, pour reconnaître une récolte abondante, une victoire, ils chantent, dansent, font des réjouissances, lui adressent des remercîments et suspendent des guirlandes et d'autres souvenirs de ces fêtes. »

Mais, dans leurs afflictions, les Indiens commençaient par tâcher de se rendre propice Hobbamock ou l'esprit malin. Entre eux et lui les powahs se présentaient comme médiateurs naturels : comme ils passaient pour être en commerce habituel avec lui, ils étaient revêtus d'une espèce de sacerdoce auquel chacun recourait pour alléger sa peine. Les maladies jouant un rôle important dans l'existence même des peuples moins civilisés, le powah se trouvait par là pourvu en même temps d'un autre ministère : il était à la fois prêtre et médecin. Mais, comme ses moyens de guérison étaient censés prendre leur source dans un pouvoir surnaturel, l'art médical était peu de chose, et se composait, au lieu de recettes, d'un certain nombre de grimaces et de cérémonies cabalistiques propres à faire violence au mauvais vouloir d'Hobbamock.

Ils n'y épargnaient pas leurs peines. Ce qu'on raconte des tortures d'une pythonisse en travail sur le trépied n'est rien en comparaison des exercices fatigants auxquels se livraient les powahs, mâles ou femelles (car il y en avait des deux sexes), pour guérir une fièvre, une colique ou toute autre maladie. Il est juste de dire que, sérieusement ou non, leurs exorcismes se trouvaient toujours combinés avec l'usage de quelques simples, des racines, ou des herbes, qu'ils recommandaient d'abord aux malades. Ordinairement on leur amenait chez eux ceux qui avaient besoin de leurs soins; quand c'étaient des personnages, ils allaient les voir à domicile. Là ils commençaient par un bruit diabolique, « à nous rendre malades, nous qui nous portions bien, et par conséquent peu propre à le guérir, lui qui était malade. » Ils imprimaient à leur corps des contorsions si fatigantes qu'ils en suaient jusqu'à écumer, et cela des heures de suite, palpant sans relâche le patient et toujours voltigeant autour de lui. Il n'était pas rare qu'ils allassent jusqu'à tomber en syncope. Il était encore plus ordinaire que le malade mourût entre leurs mains sans qu'ils lui eussent administré d'autre secours que des hurlements abominables, si ce n'est qu'ils entonnaient certains chants ou prières auxquels les assistants répondaient en chœur sur le même ton. Ces hurlements variaient dans leur forme : tantôt le médecin imitait le mugissement d'un ours, tantôt le râle d'un cheval mourant; tantôt il avait l'écume à la bouche, comme un sanglier forcé; tantôt il se mordait à belles dents la poitrine ou les cuisses avec autant de violence que s'il eût été enragé. Cela durait quelquefois une demi-journée. Le métier de powah n'était pas une sinécure.

Avec un pareil traitement, il fallait qu'un malade eût bonne envie de vivre pour recouvrer sa santé. Cependant cela se voyait. Alors, comme sa maladie lui avait été onéreuse, on lui envoyait en dédommagement du blé et d'autres dons, puis on fixait un jour pour le *Commoco* : c'étaient des fêtes et des danses pour célébrer son rétablissement. Quand au contraire il venait à mourir, ses frères de la tribu restaient un certain temps à porter son deuil. D'abord, en le menant au tombeau, ils le déposaient à l'ouverture de la fosse, s'asseyaient tous autour et commençaient une lamentation, dans laquelle « j'ai vu, disait Roger Williams, couler des pleurs en abondance le long des joues des plus braves capitaines; et, quand le corps est descendu dans la tombe, ils font une seconde lamentation.... Le père du défunt ou le mari de la défunte et tous les voisins se peignent de noir la figure, et se roulent dans une couche épaisse de suie que j'ai vue souvent trempée de leurs larmes. Ils observent pendant des semaines, des mois entiers, quelquefois même pendant une année quand c'est un personnage public, cette coutume de se noircir la face et de faire des lamentations douloureuses.... Ils accomplissent ce devoir soir et matin, dit Winslow, sur un ton si triste que, lorsqu'ils se passent les uns aux autres ou répètent tous ensemble cette *note monotone*, elle arrache des larmes de leurs yeux; elle en arrache bien aussi des nôtres. »

Quand on ensevelissait le corps, on le cousait d'abord dans une natte. Si c'était un sachim, on le couvrait encore de nattes d'un travail curieux, et l'on enterrait avec lui toutes ses richesses. Si c'était un enfant, le père jetait aussi dans la tombe ses bijoux et ses ornements favoris; il se coupait les cheveux, et se défigurait bien fort, en signe de chagrin. Si c'était le maître ou la maîtresse de la maison, ils abattaient les nattes dont était formée la couverture du wigwam, les enterraient près du défunt, et ne laissaient debout que la charpente.

« Après avoir marché cinq ou six milles dans le bois, dit Bradford, sans trouver âme qui vive, nous reprîmes une autre route;... nous trouvâmes un endroit qui avait l'air d'une tombe, mais elle était beaucoup plus longue et beaucoup plus haute qu'aucune autre que nous eussions vue encore. Elle était aussi couverte de planches : nous nous demandions ce que ce pouvait être, et nous nous décidâmes à la fouiller. Nous trouvâmes d'abord en creusant une natte, puis au-dessous un bel arc, puis une autre natte, puis au-dessous une planche d'environ deux pieds de long, bien sculptée et bien peinte, avec trois broches sur le haut, comme une couronne. Entre les nattes nous trouvâmes encore des aiguières, des plats, des vases, et autres bagatelles de ce genre. Enfin nous arrivâmes à une belle natte toute neuve, qui recouvrait deux paquets d'inégale grosseur. Nous ouvrîmes le plus grand et nous y trouvâmes une grande quantité de poudre rouge de la plus parfaite beauté, et au milieu les os et le crâne d'un homme. Le crâne portait encore une belle chevelure blonde, et toute la chair n'était pas consumée. Il y avait dans le même paquet un couteau, une aiguille à emballage et deux ou trois morceaux de vieille ferraille. L'enveloppe était une casaque de toile à matelot et une paire de culottes en toile de fil. La poudre rouge était une espèce d'embaumement, et répandait une odeur forte, sans être désagréable : elle était aussi fine que de la fleur de farine. Nous ouvrîmes de même l'autre paquet plus petit, et nous y trouvâmes de même poudre, avec les os et la tête d'un petit enfant. Ses jambes et d'autres parties encore étaient entourées de cordons et de bracelets de jolis grains blancs. Il y avait aussi tout auprès un petit arc de deux pieds de long et quelques autres babioles assez étranges.... Les opinions ne furent pas d'accord sur la personne que nous trouvions ainsi embaumée. Les uns pensèrent que c'était un seigneur et roi des Indiens. D'autres dirent que les Indiens ont tous les cheveux noirs et qu'on n'en avait jamais vu avec des cheveux blonds ou châtains. Quelques autres supposèrent que c'était un chrétien de marque, qui était mort chez eux, et qu'ils avaient ainsi enterré par honneur. Enfin il y en eut qui crurent que les Indiens, après l'avoir tué, avaient ainsi consacré leur triomphe. »

Ils avaient des cimetières communs, entourés en partie d'une large palissade de jeunes arbrisseaux formant un treillage serré, et enfoncés en terre de deux ou trois pieds. Dans cette enceinte se trouvaient les tombes, plus ou moins hautes, dont quelques-unes avaient aussi leur petite palissade particulière ; d'autres étaient surmontées d'une espèce de wigwam, mais découvert. Ces deux dernières marques étaient en général réservées pour les sachims et les chefs. En dehors du treillage de clôture, il y avait aussi quelques tombes, mais plus simples.

D'après l'état de leurs connaissances médicales, on voit que les Indiens devaient être peu avancés dans l'étude des sciences. Leurs connaissances en général se bornaient aux observations qu'ils avaient dû faire des lois de la nature dans la mesure de leurs besoins. La nécessité de voyager au loin, dans des forêts et des plaines où ils ne trouvaient aucune trace qui leur indiquât leur chemin, leur avait enseigné à consulter la position des astres; non-seulement ils avaient trouvé dans les révolutions des corps célestes, de la lune par exemple, une division exacte du temps; non-seulement ils tenaient compte des étés et des hivers; mais ils avaient des noms particuliers pour un certain nombre d'étoiles. Il est même assez bizarre que celui de *Maske* qu'ils donnaient à l'étoile polaire réponde précisément pour le sens à celui d'*Ourse*. Ils distinguaient aussi les vents par des noms spéciaux. Enfin l'inspection du ciel et de l'état atmosphérique leur suffisait souvent pour en tirer des pronostics exacts sur le vent et sur la température qu'il fallait attendre.

C'était du reste un peuple « très-ingénieux et très-observateur, » disent les colons. L'infériorité réelle de leur développement intellectuel, en les rendant plus défiants devant nous, a dû les rendre aussi plus gauches et plus timides. Ils s'imaginaient que le monde était « plat et rond, comme une assiette, et qu'ils en occupaient le centre : » c'est une erreur qu'on retrouverait dans l'antiquité chez des peuples justement respectés dans le domaine de l'intelligence. Delphes n'était-elle pas aussi le *nombril* de la terre? Ils se montraient aussi crédules que curieux; mais souvent leur crédulité faisait plus d'honneur à leur bonne foi qu'à la sincérité des blancs qui abusaient de leur innocence. Souvent aussi leurs nouveaux maîtres prenaient soin de les entretenir dans l'ignorance de certains secrets qu'ils désiraient connaître : quand ils eurent, par exemple, dérobé quelques sacs de poudre pour en ensemencer leurs champs, dans l'espérance de récolter au centuple ces grains précieux qui mettaient le tonnerre aux mains de leurs ennemis, les blancs aimèrent mieux en rire que de les détourner de ce nouveau procédé d'agriculture pour les initier au maniement des armes à feu. Les pèlerins qui eurent à traiter avec eux ont rendu hommage à leur probité, à leur fidélité dans l'exécution des traités, à leur esprit de paix et de conciliation dans leurs transactions réciproques. Après cela, il n'importe guère qu'on leur reprochât un caractère indolent ou qu'ils abordassent leurs hôtes « en tirant la langue jusqu'à la racine en manière de salut et se léchant le poignet jusqu'au bout des doigts » par forme de politesse.

La langue des Indiens de l'Amérique du nord a donné lieu à des recherches curieuses : on en a publié des vocabulaires importants, et, sans pouvoir se flatter de l'avoir reconstituée tout entière, on peut en faire aujourd'hui l'objet d'une étude intéressante. A l'époque de leur débarquement, les Anglais avaient beaucoup de difficulté à se mettre en rapport avec les indigènes; deux ans après ils trouvaient encore leur langue « riche, abondante » et difficile. Cette langue n'était pas uniforme; elle avait des dialectes variés : par exemple, les Massachusetts prononçaient l'*l* et l'*r* avec difficulté, et les remplaçaient volontiers par un *n*. Ils disaient un *nobstan* pour un *lobster* (homard), mais cela n'empêchait pas qu'à cent milles de distance les uns des autres, ils ne s'entendissent très-bien. Ce qu'on dit de leur langue pouvait aussi se dire de leurs mœurs. Les différences n'étaient pas assez tranchées pour qu'on n'y reconnût pas aisément un peuple unique. Dans toute la Nouvelle-Angleterre, sauf quelques expressions différentes, « comme on en trouve dans les divers comtés d'Angleterre, » les indigènes parlaient la même langue, et se comprenaient d'un bout à l'autre du pays.

Le gouvernement des Indiens était généralement monarchique : la volonté de leur sagamore ou sachim faisait loi. C'est à lui qu'appartenait le pouvoir exécutif; mais il avait un conseil sans lequel il ne décidait rien d'important : ce conseil était formé des hommes les plus considérables de sa tribu, des pnieses et autres sachims inférieurs, ou, comme les appelaient les Anglais, *petty sachims*. Le titre ou plutôt l'autorité du *roi* n'était pas dévolue à tous les sachims, mais seulement à celui d'entre eux autour duquel se groupaient les autres pour jouir de sa protection : ils lui rendaient hommage, ne faisaient jamais la guerre sans son approbation, et, dans l'occasion, servaient sous ses ordres. La dignité de sachim n'était point élective, mais héréditaire. Le sachim ne prenait de femme que dans un rang égal au sien, pour ne point déroger et pour conserver à ses enfants la noblesse de sa race [1]. Je parle de sa femme légitime, la *squaw sachim*, car il pouvait avoir à son service d'autres femmes qui devaient à celle-ci respect et obéissance. En cas de décès du sachim avant la majorité de son fils ou de sa fille, l'enfant était confié à la garde et à la tutelle d'un régent, qui gouvernait jusqu'à ce que le jeune prétendant eût atteint l'âge de prendre lui-même en main l'autorité : cet âge nous est inconnu.

Chaque sachim connaissait bien l'étendue et les limites de son pays : c'était son domaine héréditaire. Quand un de ses hommes avait besoin de terre pour y semer du grain, il lui en donnait assez pour ses besoins et lui en assignait les bornes. Quiconque chassait dans ses États lui payait un droit : c'était la tête de l'animal abattu, quand il avait été tué sur la terre ferme; mais on lui devait la peau en sus, quand il avait été tué dans l'eau.

Les grands sachims ou rois connaissaient également les limites de leurs territoires respectifs.

Quand il se présentait dans une tribu de sa juridiction quelque voyageur ou quelque étranger,

1. « Otherwise, they say, their seed would in time become ignoble. » (*Winslow's relation.*)

c'était le sachim qui lui donnait l'hospitalité. Son hôte lui déclarait combien de temps il comptait rester et où il avait l'intention d'aller après. Pendant leur séjour, le sachim les traitait selon leur rang et satisfaisait à leurs besoins. L'entretien des veuves et des orphelins, des gens âgés ou infirmes, incapables de pourvoir à leur subsistance par eux-mêmes ou par leurs familles, était également à sa charge. A cette fin, chaque année les pnieses (ses conseillers et ses officiers) convoquaient le peuple à une époque déterminée et dans un lieu convenu pour recevoir le blé destiné au sachim. Ses sujets y venaient apporter des paniers de grain, en faisaient un gros tas, et se retiraient après avoir reçu des pnieses de grands remercîments au nom du sachim. Celui-ci de son côté, en retirant cette dîme, remerciait les pnieses et leur faisait de grands présents.

Le sachim était aussi juge des délits et des crimes, et exécuteur des peines. Le vol, pour la première fois, était puni d'une réprimande honteuse. En cas de récidive, le sachim donnait au voleur la bastonnade sur le dos. La troisième fois, le voleur était encore battu, et de plus on lui fendait le haut du nez pour que tout le monde pût le reconnaître à cette marque et s'en garder. Le meurtre était puni de mort, et le sachim ne se contentait pas de prononcer la sentence, il l'exécutait de ses mains, quand le coupable était là : autrement, il envoyait à quelque délégué son couteau pour remplir sa place. Il y avait même des cas, ceux de mutinerie par exemple, où le sachim, voulant par prudence comprimer promptement le danger, envoyait secrètement un de ses guerriers de confiance avec mission de donner un coup de hache au rebelle, et de lui rapporter sa tête.

Pour toute autre peine que la peine capitale, le condamné ne devait la recevoir que des mains du sachim. Il s'agenouillait nu devant lui, et acceptait, sans chercher à s'échapper et sans se plaindre, les plus rudes corrections : car c'était pour un homme un déshonneur plus grand encore de se montrer sensible à la douleur corporelle que d'avoir commis la faute et subi la honte du châtiment.

Les récits que les colons nous ont laissés de leurs relations personnelles avec les sachims nous les représentent en général comme des hommes qui, dans leurs actions, leurs discours, leur tenue, montraient beaucoup de dignité, de sagesse et de discrétion. Quelquefois même ils cachaient sous un air de bonhomie une politique habile et profonde. Powhatan, en Virginie, voulant engager le capitaine Smith, trop prudent pour le faire, à venir le trouver sans armes avec sa troupe, lui disait : « Capitaine Smith, je suis bien vieux : j'ai vu la mort de trois générations de mon peuple, et je sais bien la différence qu'il y a entre la guerre et la paix. Je vais mourir bientôt, et mes frères me succéderont. Je souhaite vivre en paix avec vous; je souhaite qu'ils fassent de même. Mais les rumeurs qui nous parviennent nous troublent et alarment mon peuple, à ce point qu'ils n'osent plus vous visiter. Quel avantage aurez-vous à nous détruire, nous qui pourvoyons à votre nourriture? Que gagnerez-vous à la guerre, si nous nous sauvons dans les bois et si nous y cachons nos provisions? Pourquoi vous montrez-vous si défiants avec nous? Vous voyez que nous sommes sans armes et prêts à satisfaire à vos besoins. Me croyez-vous assez simple pour ne pas mieux aimer faire tranquillement un bon repas, dormir en repos avec mes femmes et mes enfants, riant et m'égayant avec vous, recevant du cuivre, des haches, et bien autre chose, comme votre ami, plutôt que de m'enfuir loin de vous comme votre ennemi, couchant au froid dans les bois, vivant de glands, de racines et autres pauvretés, traqué par vous à ne pouvoir ni reposer, ni manger, ni dormir en paix, troublé à chaque branche qui craque par le cri d'alarme de mes hommes : « Voilà le capitaine Smith qui vient! » Avec une vie si misérable, je ne puis que m'attendre à une misérable fin, et vous de même tôt ou tard. Assurez-vous donc sur notre amitié, et nous serons toujours prêts à vous fournir du blé en abondance. Laissez de côté vos fusils et vos sabres, et ne venez pas vers nous armés comme en pays ennemi. »

Quand il s'agissait d'une guerre, le sachim en délibérait avec son conseil. Les pnieses en étaient l'âme : c'étaient ses *braves;* il était juste qu'il ne décidât point de pareilles questions sans les réunir. Ordinairement ils déposaient leurs flèches et leurs arcs, s'asseyaient en rond autour du feu, et fumaient une pipe de tabac, ou, selon l'expression de Champlain, se mettaient à *pétuner*. Pendant ce temps-là, nul ne disait un mot; on gardait un profond silence jusqu'au moment où, sur l'ordre du sachim, commençait la discussion.

Quand la guerre était résolue, on devait la déclarer à l'ennemi. Les Anglais furent un jour bien étonnés de voir un messager du roi Conanacus qui vint déposer entre leurs mains un paquet de flèches neuves enveloppées dans une peau de serpent à sonnettes. Tisquantum, leur interprète, était absent; ils ne savaient qu'augurer de ce singulier présent : peut-être n'avaient-ils pas lu dans l'histoire ancienne le cartel analogue envoyé à Darius par le roi des Scythes. Le messager fut traité d'ailleurs avec égard, selon le droit des gens, que les naturels respectaient également en pareille circonstance; seulement, malgré toutes les instances qu'on put faire près de lui, il refusa toute nourriture, et partit par une tempête affreuse : rien ne put l'arrêter. Quand Tisquantum fut de retour, qu'il vit les flèches et fut informé du message, il apprit au gouverneur de la colonie que c'était un défi, une déclaration de guerre en forme. Le capitaine Standish, voulant lui rendre immédiatement sa politesse, lui renvoya sa peau de serpent, en substituant seulement, aux flèches qu'il garda, de la poudre et des balles.

Une fois les ennemis en présence, ils poussaient le cri de bataille, cri terrible que Bradford note ainsi : *woach! woach! ha ha hach! woach!* La flèche était surtout leur arme de combat : ils en avaient dont la tête était de cuivre, d'autres de cornes de cerf, d'autres de griffes d'aigle. Ils les lançaient avec beaucoup de prestesse et une grande justesse de coup d'œil, prenant ordinairement avantage des arbres qui se trouvaient sur le champ de bataille, et derrière lesquels ils se couvraient pour tirer à l'abri contre leurs adversaires. Souvent aussi les assaillants trouvaient l'ennemi retranché dans ses forts. C'était une enceinte de pieux, de trente à quarante pieds de long, plantés solidement en terre, et serrés d'assez près les uns contre les autres pour former une palissade formidable. Elle était défendue par un double fossé, en dedans et en dehors; il n'y avait qu'une brèche pour y pénétrer au moyen d'un pont volant que retiraient les assiégés.

Le courage des Indiens n'a jamais été mis en doute. Les Anglais reconnaissent qu'ils ne craignaient pas la mort et se riaient de la souffrance. « Je ne dois pas oublier ici la valeur et le courage de quelques sauvages qui se trouvaient de l'autre côté de la rivière : il n'y restait de vivant que deux hommes, tous deux âgés, un surtout qui avait plus de soixante ans. Ces deux misérables, en voyant une compagnie tout entière de nos hommes ramer vers la rivière, se *mirent à courir* avec rapidité, bien avant dans les herbes, pour nous arrêter au débarquement : là, avec des cris perçants et une grande fermeté de courage, ils bandèrent contre nous leurs arcs, et nous demandèrent qui nous étions : ils nous avaient pris pour des ennemis. »

Leurs pnieses étaient des hommes renommés parmi leur tribu pour leur courage et leur intelligence. On croyait qu'ils avaient fait un pacte avec le diable pour qu'il les garantît à l'épreuve contre les flèches, les couteaux, les haches de bataille, etc. Le jour du combat, ils se défiguraient tous en se peignant le corps ou la face, mais ils se faisaient reconnaître à leur intrépidité : il n'était pas rare qu'un seul d'entre eux suffit pour donner la chasse à une centaine d'ennemis; car on considérait comme un homme mort quiconque se trouvait sur leur passage. Ils servaient de gardes du corps au sachim, qui marchait au milieu d'eux, à la guerre. C'étaient en général des hommes de haute taille, vigoureux, endurcis à la souffrance, et cependant plus discrets, plus civils, plus agréables dans leurs manières que tous les autres, pleins de mépris pour le larcin, le mensonge, tous les sentiments bas, et très-soigneux de leur réputation. Pour entretenir ce corps d'élite, on choisissait dès leur bas âge les enfants les plus avancés et qui avaient la plus belle apparence, pour les dresser à la peine, à l'abstinence de tout mets délicat, à la précision dans l'obéissance. On leur faisait boire du jus de centaurée et d'autres herbes amères, jusqu'au vomissement. Les épreuves de la jeunesse lacédémonienne ne sont que des jeux d'enfant auprès des souffrances et surtout des dégoûts que les petits Indiens avaient à subir. On leur frappait les jambes à coups de bâton, puis on les faisait courir à travers les buissons, les troncs et les broussailles, pour qu'un jour ils fussent les favoris du diable et pussent le voir face à face.

Le diable, dont ils devaient braver un jour la vue, c'était leur sang versé dans les batailles, la douleur des blessures, les insultes de leurs ennemis victorieux, la mort au milieu des plus horribles tortures, quand ils étaient faits prisonniers. C'était alors que leur défaite devenait vraiment leur triomphe. Un duel affreux commençait entre la férocité du vainqueur et le mépris insultant du vaincu. L'un mettait sa gloire à arracher à sa victime par quelque cri plaintif, par quelque contraction du visage, l'aveu secret de sa défaillance ; l'autre, à placer sur ses lèvres un sourire obstiné en défi de tous les supplices. On le brûlait vif, il chantait ; on déchirait ses chairs frémissantes, il disait : *encore!* Il semblait qu'il eût arraché à la douleur son aiguillon. Tel était le courage de l'Indien : il ne regardait pas comme un homme celui qui ne savait que mourir sur le champ de bataille, et témoignait hautement son mépris pour les blancs parce qu'il les voyait faire en mourant des grimaces « comme des enfants. »

Une aventure de la vie privée, plus étrange et plus touchante que la plupart des romans, résumera et complétera, mieux que ne le pourrait faire aucune réflexion, ce tableau de l'état moral et social des Indiens, quand commencèrent leurs relations avec les colons anglais; elle se passa dans la Virginie, au milieu des premiers travaux de l'établissement colonial, et le capitaine Smith en fut le héros.

CHAPITRE XVII.

Pocahontas.

Smith poursuivait dans la Virginie, au milieu des sauvages indiens, le cours de la vie errante, guerrière, et semée tour à tour de périls extrêmes et de succès imprévus, qu'il avait menée au milieu des musulmans, en Turquie et en Transylvanie. Pendant que la colonie luttait, à l'intérieur, contre les vices originels qui entravèrent longtemps sa prospérité, Smith faisait incessamment, pour explorer les lieux, à travers les peuplades hostiles, des excursions lointaines et prolongées; une barque, cinq ou six hommes et leurs mousquets, formaient tout son équipage, et, après plusieurs mois d'absence et des courses de plus de trois mille milles, il regagnait le fort de Jamestown. Quelques colons, durement exigeants et ingrats, lui reprochèrent un jour de n'avoir pas encore pénétré jusqu'à la source de la rivière Chickahominy, dont les bords étaient habités par des Indiens de ce même nom et placés sous le gouvernement de Powhatan, chef célèbre auquel obéissaient plusieurs tribus considérées. Smith, piqué de ce reproche, partit aussitôt et remonta le fleuve dans sa barque, aussi loin qu'elle put pénétrer; la laissant amarrée dans un lieu sûr, sous la garde de quelques-uns de ses hommes, il remonta lui-même plus haut dans un petit canot, avec deux Anglais et deux guides indiens pour seuls compagnons. Quand le canot même ne put plus naviguer, Smith en sortit, le confia aux deux Anglais, et suivit par terre la rive du fleuve pendant vingt milles, chassant et observant les lieux. Les gens de sa suite, auxquels il avait remis la garde de sa barque, désobéirent à ses ordres et se répandirent dans les bois. Ils y furent attaqués par trois cents Indiens que commandait Opechancanough, frère de Powhatan; l'un d'eux, George Cassen, fut fait prisonnier, et les autres regagnèrent à grand'peine leur barque.

Les Indiens arrachèrent à leur prisonnier quelques indications sur le lieu où pouvait être Smith, et se mirent aussitôt à sa poursuite. Ils rencontrèrent, en le cherchant, endormis auprès d'un feu, les deux Anglais qu'il avait laissés avec son canot, les tuèrent à coups de flèches, et découvrirent enfin Smith lui-même. Blessé à la cuisse, l'intrépide aventurier, se couvrant de l'un de ses deux guides indiens comme d'un bouclier, se défendit avec acharnement, tua ou blessa à coups de fusil plusieurs des assaillants, et s'efforçait de regagner son canot lorsqu'il tomba dans un marécage où les Indiens, n'osant encore l'approcher, le laissèrent plongé, jusqu'à ce qu'épuisé de fatigue et glacé de froid il fut contraint de jeter ses armes et de se rendre. Une fois maîtres de lui, ils l'emmenèrent, le montrant en triomphe, à travers les diverses tribus qui habitaient sur les bords du Rapahannoc et du Potomac, jusqu'à Pamunkey, résidence de leur chef Opechancanough. Là, comme il était couché sur une natte, dans une longue hutte, entra en sautant un grand et hideux sauvage, peint en noir et huilé, la tête ornée, au sommet, d'un bouquet de plumes, et garnie tout autour de peaux de serpents pleines de mousse qui retombaient sur ses épaules, son dos et même son visage. Il tenait à la main une sorte de crécelle qu'il agitait violemment avec des cris lugubres. C'était un prêtre. Il fit devant le prisonnier toutes sortes d'invocations, et sema autour du foyer de la farine et du maïs. Puis entrèrent trois autres sauvages, peints en noir et en rouge, avec des raies rouges et blanches au-dessus de la bouche, comme des moustaches. Ils dansèrent quelque temps; puis trois autres, pareillement bigarrés, vinrent se joindre à eux; ils se placèrent tous en face du prisonnier, trois à la droite du prêtre, trois à sa gauche, et ils firent ensemble, pendant tout le jour, sans donner à

Smith ni prendre eux-mêmes aucune nourriture, une multitude de cérémonies bizarres qui semblaient avoir pour but tantôt de l'effrayer, tantôt de le gagner. Trois jours se passèrent de la sorte, sans que Smith, tour à tour menacé ou bien traité, pût démêler quel serait son sort. Les Indiens partirent enfin et l'emmenèrent à Werowocomo, résidence de leur grand chef Powhatan, située dans cette portion du territoire de la Virginie qui forme aujourd'hui le comté de Gloucester. Un peu de temps s'écoula avant que le chef eût fait ses préparatifs pour recevoir convenablement son prisonnier; plus de deux cents de ses hideux courtisans, dit Smith, vinrent successivement le regarder et l'observer, comme un monstre étrange. Powhatan, homme d'environ soixante ans, « vraiment roi dans toute sa personne, tant il avait l'air impérieux et imposant, » le reçut en grande cérémonie, assis sur un trône élevé dans une grande hutte, au milieu de laquelle un feu était allumé. Deux jeunes Indiennes, ses filles, étaient assises à sa droite et à sa gauche; de chaque côté de la hutte se tenaient deux rangs d'hommes, ayant derrière eux deux rangs de femmes, tous la tête et les épaules peintes en rouge et chargées de plumes et d'ornements divers.

Quand Smith parut, ils poussèrent tous ensemble un grand cri; une femme de distinction apporta de l'eau pour lui laver les mains; une autre les lui essuya avec des plumes; et pendant qu'on le traitait avec tant d'égards, la délibération commença sur son sort. Elle lui fut contraire: deux grosses pierres furent apportées et placées devant Powhatan; Smith fut amené et renversé, la tête posée sur l'une des pierres, pour être assommé à coups de massue. Les exécuteurs n'attendaient plus que le signal quand Pocahontas[1], la fille favorite du roi, âgée seulement de douze à treize ans, après avoir vainement conjuré son père d'épargner la vie du prisonnier, s'élança vers lui, et posa sa propre tête sur la sienne, disant qu'elle voulait le sauver ou mourir avec lui. Powhatan se laissa toucher à cette vue, et fit relever Smith, en déclarant qu'il l'emploierait à fabriquer des haches pour lui-même et des colliers pour sa fille.

Quel mobile animait Pocahontas? Était-ce la pitié d'un jeune cœur à la vue d'un homme près de subir un affreux supplice? Ou l'admiration d'une imagination vive pour le courage d'un étranger dont le nom et les aventures avaient frappé ses oreilles? Ou bien un sentiment plus tendre, naissant et déjà puissant, pour un guerrier encore

1. Son vrai nom indien était *Matoax* ou *Matoaka*; mais les Indiens le cachaient avec soin aux Anglais, dans la croyance superstitieuse que, s'il était connu, il pourrait en arriver malheur à la fille de leur chef.

jeune, beau de sa personne et célèbre? Serait-ce que Powhatan lui-même, voulant se mettre en bon rapport avec les colons anglais dont il comprenait la supériorité, avait préparé cette scène et le rôle qu'y joua sa fille? Rien ne nous éclaire sur ce secret. Quoi qu'il en soit, Pocahontas devint, de ce jour, la favorite comme la protectrice des Anglais dans tous leurs rapports avec les Indiens. Peu de jours après, Powhatan compléta ce qu'il avait fait pour Smith en lui donnant la vie : il le conduisit dans une hutte au milieu des bois, et l'y laissa assis sur une natte, auprès du feu; puis, tout à coup, derrière une autre natte qui divisait la hutte en deux parts, «éclata le bruit le plus lamentable qui se soit jamais fait entendre, et Powhatan, plus semblable à un diable qu'à un homme, et suivi de deux cents autres sauvages aussi noirs que lui, » entra brusquement, disant à Smith qu'ils étaient désormais amis, qu'il était libre, qu'il pouvait retourner à Jamestown, et que, s'il voulait lui envoyer deux pièces de canon et une pierre de meule, lui Powhatan, lui donnerait le quartier de Capahowsic, et le regarderait comme son fils. Comme il disait, il agit; il renvoya aussitôt Smith avec douze guides. Smith arriva sain et sauf à Jamestown, après sept semaines d'absence, et montra à ses guides sauvages deux coulevrines et une pierre de meule en leur disant qu'ils pouvaient les porter à Powhatan; mais ils les trouvèrent trop lourdes. Smith fit charger de cailloux les deux coulevrines, et elles furent déchargées sur un grand arbre couvert de glaçons; en entendant le bruit et en voyant les glaçons et les branches tomber çà et là, brisés sous les coups, les sauvages furent saisis de respect et d'effroi. Quelques breloques les remirent en confiance, et ils s'en allèrent emportant, au lieu de canons, divers présents pour Powhátan et pour ses filles.

Quelque temps après, Smith, devenu président de la colonie, se trouva une seconde fois en présence de Pocahontas. Il était allé lui-même inviter Powhatan à venir recevoir à Jamestown les présents que la colonie voulait lui faire pour s'assurer son amitié. Mais le chef indien n'était pas à Werowocomo : les Anglais n'y trouvèrent que sa fille, qui leur fit gracieusement les honneurs de l'hospitalité. Pendant qu'ils étaient assis autour du feu, tout à coup ils entendirent un grand bruit dans les bois. Craignant une surprise, Smith et ses compagnons se saisirent de quelques vieillards assis près d'eux, pour s'en faire, au besoin, des otages. Mais Pocahontas accourut vers eux, protestant qu'il ne leur serait fait aucun mal, et que, si quelque chose de semblable leur arrivait, elle donnerait sa vie et celle de ses femmes pour expier cette trahison. Les Anglais s'étaient mépris :

les cris qui les avaient effrayés n'étaient que le prélude d'un divertissement national que Pocahontas avait préparé pour fêter ses hôtes.

Plus tard elle leur prouva que, même de loin, elle veillait sur leur salut. Powhatan avait médité contre les colons de Virginie une attaque nocturne qui leur aurait probablement été fatale; mais l'ange des blancs intervint de nouveau : « Dieu éternel, Dieu qui voit tout, dit Smith, déjoua le complot de Powhatan par un étrange moyen. Pocahontas, sa fille chérie, son précieux joyau, vint, dans cette nuit sombre, malgré la fatigue d'une marche obscure dans les bois, avertir notre capitaine qu'on nous enverrait bientôt grande chère, mais que Powhatan se disposait ensuite, avec toutes ses forces, à venir nous tuer sans merci, si toutefois ceux qui devaient apporter ses dons n'avaient pas réussi à nous massacrer auparavant avec nos propres armes pendant que nous serions à souper. Elle nous engageait donc à nous en aller si nous voulions sauver notre vie. Le capitaine lui offrit en présent ce qu'elle aimerait le mieux; mais elle lui dit en pleurant qu'elle n'oserait s'exposer à ce qu'on lui vît quelque chose de nouveau; car, si Powhatan le savait, elle pouvait se regarder comme morte. Et elle se mit à courir toute seule dans les bois, comme elle était venue. »

Ce zèle ardent et persévérant pour une race ennemie fit probablement tomber Pocahontas dans la disgrâce de sa nation et même de son père : les incidents qui amenèrent ce résultat nous sont inconnus; mais cinq ans après, en 1612, un Anglais, le capitaine Argall, faisant un voyage de commerce chez la tribu des Potomacs, apprit de Japazaws, leur chef, que Pocahontas vivait retirée dans les environs, hors des domaines et loin de la protection de son père. Quel avantage pour la colonie, pensa Argall, si elle pouvait s'emparer de la personne de cette jeune fille, et de quel poids serait un tel otage dans les négociations toujours pendantes ou prochaines avec Powhatan! Mais, pour réussir dans ce dessein, il fallait l'entremise de Japazaws. Le chef indien y répugnait; comment résister pourtant à la séduction des blancs? Il fit marché pour un chaudron de cuivre, et tint sa parole.

Il commença par s'entendre avec sa femme pour qu'elle lui témoignât devant Pocahontas un ardent désir de visiter le vaisseau anglais qui était à l'ancre. Elle n'y manqua pas, à la grande colère de son mari, qui finit par céder à ses importunités, en y mettant la condition qu'elle n'irait pas seule. Elle décida sa jeune amie à l'accompagner. Japazaws, quand elles furent à bord, « marcha sur le pied du capitaine pour lui rappeler qu'il avait fini de jouer son rôle. » Puis il emmena sa femme, laissant là Pocahontas. La jeune fille, en se voyant prisonnière des Anglais, pleura d'abord amèrement; mais ensuite elle reprit courage, sûre qu'après tout ils la traiteraient bien à Jamestown, en souvenir de l'attachement qu'elle leur avait montré.

Maîtres de sa fille, les Anglais demandèrent à Powhatan pour sa rançon qu'il leur rendît tous les prisonniers qu'il leur avait faits et toutes les armes qu'il avait à eux. Pendant trois mois le chef ne voulut entendre à rien; puis il offrit de renvoyer à Jamestown sept prisonniers seulement, chacun avec un vieux mousquet rouillé, promettant en sus aux colons, s'ils lui rendaient sa fille, cent boisseaux de blé et son amitié éternelle. Les Anglais persistèrent dans leur première demande, et pendant longtemps on n'entendit plus parler de Powhatan. On en vint à des hostilités qui ne furent point décisives. Mais, grâce à l'intervention d'un certain « dieu, dit l'historien anglais, qui, pour être aveugle, n'en a pas moins une large part dans la décision des plus grands intérêts de ce monde, » l'affaire se dénoua d'une façon plus pacifique. L'amour, puisqu'il faut l'appeler par son nom, avait touché le cœur de la jeune Indienne. Un M. Rolfe, « honnête gentleman, dit-on, et d'une conduite sans reproches, » l'aimait depuis longtemps déjà, et s'en était ouvert au gouverneur de la colonie, sir Thomas Dale, qui n'avait pas manqué de l'encourager. Pocahontas, de son côté, avait confié son amour à l'un de ses frères qui était venu la visiter pendant sa captivité. Powhatan, dûment informé, donna volontiers son consentement, et envoya à Jamestown son frère et deux de ses fils pour le représenter dans la cérémonie.

Ce mariage, célébré au mois d'avril 1613, fut pour la colonie un heureux événement. Il assura la paix avec Powhatan, et décida l'alliance des Chickahominies, tribu brave et puissante, qui consentit alors à reconnaître la souveraineté du roi Jacques, à servir d'auxiliaire aux Anglais dans la guerre, et à leur payer un tribut annuel en maïs.

En 1616, M. Rolfe et Pocahontas sa femme, devenue lady Rebecca, firent un voyage en Angleterre. Pocahontas en avait appris la langue; elle s'était fait instruire dans la foi chrétienne; enfin « elle s'était formée à la gravité et à la civilité des manières anglaises. » Aussitôt que Smith eut appris son arrivée, il s'empressa d'écrire à la reine Anne, femme de Jacques Ier, une lettre qui nous a été conservée et où il lui raconte les circonstances extraordinaires dans lesquelles il a eu le bonheur de connaître la fille de Powhatan, comment elle lui a sauvé la vie, et tous les services qu'elle a rendus aux Anglais en Virginie. Aujourd'hui qu'elle est liée par son mariage à la cause de leur pays, il demande pour elle l'intérêt et la protection de sa souveraine.

Smith eût bien voulu prouver à Pocahontas sa reconnaissance pendant qu'elle était dans son pays; mais il était obligé de partir pour une nouvelle expédition. Il eut pourtant avec elle une entrevue dont il nous a lui-même transmis les détails naïfs et touchants : « Après un salut modeste, sans dire un mot, elle se détourna, se cacha la figure comme étant mal satisfaite : son mari et quelques autres personnes avec moi, nous la laissâmes dans cette humeur deux ou trois heures; je me repentais déjà d'avoir écrit à la reine qu'elle savait parler anglais. Mais peu de temps après elle commença à causer, et me rappela les civilités qu'elle m'avait faites, en me disant : « Vous avez promis à Powhatan que ce qui était à vous serait à lui, et lui de même. Vous l'avez appelé votre père quand vous étiez étranger dans son pays : je dois donc en faire autant avec vous. » J'eus beau m'excuser d'accepter ce titre sur ce qu'elle était la fille d'un roi, elle me dit d'un air gracieux : « Quoi! vous n'avez pas craint de venir dans le pays de mon père, où vous avez fait peur à tout le monde excepté à moi, et vous craignez que je ne vous appelle ici mon père! Eh bien! je vous dis que je vous donnerai ce nom, et que vous m'appellerez votre enfant, et je veux l'être toujours, comme toujours votre compatriote. On nous avait dit là-bas que vous étiez mort, et je l'ai toujours cru jusqu'à Plymouth : cependant Powhatan a recommandé à Uttamatomakkin de vous chercher et de savoir la vérité ; car vos Anglais aiment bien à mentir. »

Uttamatomakkin était un Indien du conseil de Powhatan. Sous prétexte de lui faire accompagner sa fille par honneur, le chef l'avait chargé d'étudier les forces du peuple anglais. Pour satisfaire à cette mission, dès son arrivée à Plymouth, Uttamatomakkin se procura un long bâton, sur lequel il faisait une coche à chaque homme qu'il voyait. Mais il se découragea bientôt en voyant que son bâton n'y suffirait pas ; et lorsqu'à son retour en Virginie Powhatan lui demanda combien il y avait de monde en Angleterre : « Compte les étoiles du ciel, répondit-il, les feuilles des arbres et le sable du rivage, et tu auras le nombre des Anglais. »

Sous le patronage de lady Delaware, Pocahontas, ou plutôt lady Rebecca Rolfe, soutint très-convenablement, par sa conduite et ses manières, le succès qu'elle avait obtenu dans le monde anglais à son arrivée. Mais elle n'en jouit pas longtemps. Dès le commencement de l'année 1617, comme elle se disposait à retourner en Virginie, elle tomba malade à Gravesend, où elle mourut avec une résignation tranquille et simple qui témoigna de la sincérité des sentiments religieux qu'elle professait depuis sa conversion. Powhatan, son père, ne lui survécut pas plus d'une année.

Pocahontas est restée chère aux Américains. Son souvenir est l'un des thèmes favoris de leurs écrivains et de leurs poëtes; son nom revient sans cesse dans leurs causeries domestiques; elle est entrée dans l'histoire héroïque de la nation, objet à la fois et d'une reconnaissance persévérante et de l'admiration qu'inspirent une vie aventureuse, un courage précoce, une bonté singulière, une sensibilité délicate, un dévouement gracieux et inépuisable. C'est un titre de noblesse pour les familles virginiennes que d'avoir quelque peu de son sang dans leurs veines; car, en mourant, Pocahontas laissa un fils qui ne revint pas d'abord à James-town avec son père, M. Rolfe, mais qui, rentré plus tard dans la colonie, y joua un rôle important. Ce dernier rejeton de la famille *impériale*[1] de Werowocomo a laissé en Virginie des descendants encore nombreux, et justement fiers de leur origine.

Tels étaient les lieux dont les pèlerins anglais allaient faire leur patrie; tels étaient les peuples

1. Powhatan s'était élevé du rang de petit chef de tribu à celui d'*empereur* de sa nation : c'est du moins le titre que lui donnaient souvent les Anglais.

qu'ils allaient y remplacer. En abordant au rivage, ils étaient cent pour accomplir cette œuvre, y compris les femmes et les enfants. A peine trois mois s'étaient écoulés, une mortalité occasionnée par les fatigues de la traversée, la mauvaise nourriture en mer, le changement de climat, le dénûment et le travail forcé, les avait réduits à cinquante : « Les vivants étaient à peine en état d'enterrer les morts; les valides ne suffisaient pas à soigner les malades; » il ne restait que dix-neuf hommes dans la force de l'âge et de la santé : il y eut un moment où la colonie n'en comptait que sept en état de la protéger. Cependant leur navire, *Fleur de mai*, allait remettre à la voile et retourner en Angleterre; la tentation était grande : pas un des pèlerins ne demanda le retour. Ils avaient foi en Dieu, dans leur cause et en eux-mêmes; c'est la force sublime de la foi qu'elle ne se préoccupe ni de la grandeur de l'œuvre ni de la faiblesse des moyens; les pèlerins étaient les disciples soumis et passionnés de celui qui a dit : « Si vous aviez de la foi aussi gros qu'un grain de moutarde, vous diriez à cette montagne : Transporte-toi d'ici là, et elle s'y transporterait, et rien ne vous serait impossible[1]. » Comment, par leur foi active et persévérante, ils surmontèrent les obstacles sans cesse re-

1. Évangile selon saint Matthieu, chap. xvii, vers. 20.

naissants devant eux; comment, par le travail de leurs mains, ils transformèrent les forêts et les déserts en terres fertiles; comment, par leur courage tantôt dur et même cruel, tantôt empreint de charité chrétienne, et toujours indomptable, ils subjuguèrent et pacifièrent tour à tour une race ennemie; comment ils établirent, dans leur société naissante, l'esprit d'ordre et le respect de la loi; comment ils se dégagèrent, par degrés, des liens dont les ordonnances royales et les exigences des compagnies commerciales les avaient chargés au moment du départ : c'est une histoire variée et glorieuse, et bien digne d'être racontée. Elle se laisse pressentir tout entière dans le berceau où elle a commencé. Les pieux pèlerins du Massachusetts et les hardis explorateurs de la Virginie ont été les naturels et légitimes ancêtres du grand peuple qui se répand aujourd'hui, comme les grands fleuves dont elle est arrosée, sur toute l'Amérique septentrionale; quand Brewster, Bradford, Winslow, Smith, Winthrop, eurent planté sur ce sol leur vie et leur foi, les États-Unis étaient fondés.

FIN.

TABLE DES CHAPITRES.

CHAP. I. Jean et Sébastien *Cabot* découvrent l'*Amérique du nord* au nom de l'*Angleterre* (1497). — Leur second voyage (1498). — Services maritimes et mort de Sébastien Cabot. — Voyage de Gaspard *Cortereal* pour le *Portugal* (1501). — Voyage du Florentin *Verazzani* pour la France (1504)........... 4

CHAP. II. Voyage de *Cartier* (1534). — Il prend possession du *Canada* au nom du roi de *France*. — Voyage du sieur de *Roberval* (1540). — De *La Roche* (1598). — De *Champlain* (1603-1635). — De *Monts*, de *Poitrincourt*, de *Biencourt*.... 13

CHAP. III. Découvertes et conquêtes des *Espagnols* dans les États-Unis. — *Ponce de Léon* (1512). — Tradition fabuleuse de la fontaine de Jouvence. — Ponce de Léon en *Floride*. — Il prend possession du pays au nom du roi d'*Espagne*. — Il meurt à Cuba. — Vasquez *de Ayllon* (1520). — Il découvre *Chicora*. — Ses brigandages. — Sa mort. — *Étienne Gomez* (1525). — Il découvre la *terre de Gomez*. — *Pamphile de Narvaez* (1526) en *Floride*................................ 25

CHAP. IV. Suite des découvertes et conquêtes des *Espagnols* dans les limites des États-Unis d'Amérique. — *Ferdinand de Soto* (1538). — Préparatifs de son expédition en *Floride*. — Relâche à Cuba. — *Porcallo* se joint à l'expédition. — Débarquement sur les côtes. — Ses courses aventureuses dans l'intérieur du pays. — Son mauvais succès. — Victoire sur les indigènes à

Mobile. — Retraite de Soto. — Guerre avec les *Chickasaws.* — Désastres de l'expédition. — Détails sur le pays qu'elle parcourt. — Traitements infligés aux naturels. — Mort de Soto (1542). — Retour de l'expédition (1543). — Louis Cancello, missionnaire dominicain et martyr en Floride (1547) 37

CHAP. V. Luttes sanglantes des *Français* et des *Espagnols* en Floride. — *Jean Ribault*, sous le patronage de *Coligny*, conduit une colonie protestante en Floride (1562). — Le fort *Charles* et la *Caroline.* — Troubles et mutineries dans la colonie. — Elle est abandonnée (1563).— Nouveaux efforts de *Coligny* pour coloniser la Floride. — Il y envoie *Laudonnière* (1564). — Établissement sur les bords de la rivière *Mai.* — Actes de piraterie des colons. — *Melendez de Avilès* va conquérir la Floride au nom du roi d'Espagne (1565). — Sa réponse aux Français qu'il rencontre en mer. — Il attaque la colonie. — Horrible massacre des Français. — *De Gourgues*, gentilhomme gascon, fait une expédition à ses frais pour venger l'honneur de la France (1567). — Furieuses représailles contre la colonie espagnole 63

CHAP. VI. Découvertes et conquêtes des *Anglais* dans les États-Unis. — *Walter Raleigh* songe à rétablir une colonie dans la Floride (1575). — Progrès de la marine anglaise. — Voyage de *Willoughby* dans les mers du nord : sa mort (1553). — Voyage de *Chancellor* à Archangel. — Il découvre les côtes de la Russie (1554). — *Frobisher* va à la recherche d'un passage au nord-ouest de l'Amérique (1576). — Son voyage est sans résultats. — Flotte envoyée par le commerce de Londres à la côte nord de l'Amérique pour en apporter de l'or (1577). — Elle ne rapporte que de la terre. — Nouvelle flotte équipée par Élisabeth dans le même but (1578).— Même résultat. — *Francis Drake* visite les côtes de l'Orégon (1577-1580). — Première expédition de sir *Humphrey Gilbert*, beau-frère de *Raleigh*, pour coloniser l'Amérique du nord (1579). — Elle s'arrête en route. — Deuxième expédition (1583). — Son mauvais succès. — Mort de Gilbert.. 79

CHAP. VII. Suite des découvertes et conquêtes des Anglais dans les États-Unis. — *Raleigh* ne se décourage pas. — Il envoie une expédition reconnaître les côtes de l'Amérique du nord sous la conduite d'*Amidas* et *Barlow* (1584). — Détails sur le pays. — Élisabeth lui donne le nom de *Virginie*. — *Raleigh*, représenté par *Ralph Lane*, poursuit ses plans de colonisation (1585). — Description du pays. — Mœurs des habitants. — Massacre des Indiens par Lane. — La colonie se rembarque pour l'Angleterre sur les vaisseaux de Drake. — Petite garnison laissée par *Grenville* à Roanoke. — *Raleigh* tente une nouvelle colonie sous la direction de *John White* (1587). — Ils trouvent la garnison de Roanoke massacrée. — Départ du gouverneur pour Londres. — Il revient en 1590 et ne trouve plus trace de la colonie. — Malheurs et disgrâce de Raleigh. — Sa mort. — *Cité Raleigh*. — Expédition de Gosnold dans la *Nouvelle-Angleterre* (1602)........ 91

CHAP. VIII. On commence en Europe à ne plus compter sur les mines d'or de l'Amérique septentrionale. — Persécutions religieuses en Angleterre contre les puritains. — Un certain nombre d'entre eux (*les pèlerins*) veulent quitter leur pays pour aller habiter en Hollande, sous la conduite de M. Robinson, leur pasteur. — Difficultés qu'ils éprouvent. — Ils finissent par y réussir (1608)........ 110

CHAP. IX. Court séjour des pèlerins à Amsterdam. — Ils vont s'établir à Leyde. — Leur condition dans cette ville. — Leur conduite inspire le respect. — Leur amour de la patrie absente. — Ils se décident à quitter la Hollande après un séjour de douze ans. — Raisons de cette détermination. — Ils veulent passer en Amérique. — Délibération. — On propose la Guyane et la Virginie. — Ils font choix de la Virginie........ 126

CHAP. X. Essais antérieurs de colonisation en Virginie. — Vie du capitaine *Smith*. — Ses aventures merveilleuses en Hongrie, — en Transylvanie. — Son tournoi avec le seigneur Turbaschaw, Grualgo, etc. — Il est fait prisonnier par les Turcs en Valachie, — esclave de la belle Tragabitzanda, — puis de Timour-bacha sur les bords de la mer d'Azof. — Mauvais traitements de son maître. — Il le tue et s'enfuit. — Il arrive en Russie. — Calamata. — Son retour à travers l'Allemagne. — Il s'embarque pour le Maroc. — Il revient à Londres (1604)........ 140

CHAP. XI. Smith, de concert avec Gosnold, monte une expédition pour coloniser la Virginie. — Expédition commandée par Newport. — La colonie s'établit à Jamestown (1607). — État moral de la colonie. — Le capitaine Smith quitte la colonie et retourne en Angleterre (1610). — Son éloge. — Découragement de la colonie. — Lord Delaware est nommé gouverneur de la Virginie.. 152

CHAP. XII. Négociation des pèlerins de Leyde avec le roi Jacques Ier et la compagnie de Virginie pour se faire autoriser à s'établir en Amérique. — Conditions de cette autorisation. — Leur départ de Leyde. — Leurs adieux à leurs frères de Hollande. — Leur départ d'Angleterre sur *le Mayflower*. — Leur traversée. — Contrat social dressé à bord et signé par eux, en vue des côtes de l'Amérique, avant leur débarquement (11 novembre 1620). — Ils abordent en dehors des limites de la Virginie, sur le territoire de la *Nouvelle-Angleterre*....... 163

CHAP. XIII. Description de la Nouvelle-Angleterre (*New England*). — Température. — Salubrité de l'air. — Pureté des eaux. — Bois et forêts. — Productions du sol. — Maïs. — Vignes. — Fruits. — Sassafras. — Végétaux d'usage domestique. — Baleines. — Poissons. — Gibier. — Dindons sauvages. — Pigeons. — Lions. — Loups. — Cerfs, daims. — Abondance de toutes choses.. 175

CHAP. XIV. Indigènes. — Idée approximative de leur nombre. — Le pays est dépeuplé par la peste (1617). — Leurs rapports antérieurs avec les blancs. — Ils ne sont plus si confiants qu'autrefois avec les Européens. — Leurs divisions intestines... 192

CHAP. XV. Portrait des Indiens. — Leur costume. — Leurs habitations. — Leur mobilier. — Ustensiles de ménage. — Paniers. — Blagues à tabac. — Culture du maïs. — Récolte. — Silos pour le grain. — Nokake. — Ils se nourrissent aussi de glands. — Pêche du poisson. — Canots. — Piéges pour prendre le gibier. — Chasse. — Passion du jeu........................ 205

CHAP. XVI. Condition des femmes. — Leurs mœurs. — Respect pour la vieillesse. — Amour paternel. — Religion des Indiens. — Dieu ou *Kiehtan*. — Le diable ou *Hobba mock* — *Powahs*, prêtres et médecins. — Traitement des maladies. — Sépulture et funérailles. — Tombes. — Cimetières. — Leurs connaissances météorologiques. — Leur intelligence et leur aptitude. — Leur langue. — Leur gouvernement. — Leurs procédés de guerre.. 220

CHAP. XVII. Pocahontas.. 241

FIN DE LA TABLE.

Imprimerie de Ch. Lahure (ancienne maison Crapelet)
rue de Vaugirard, 9, près de l'Odéon.